Ein Maulwurf kommt immer allein

RAVENSBURGER BUCHVERLAG

Mit Linolschnitten von Hanna Johansen

Lizenzausgabe
als Ravensburger Taschenbuch
Band 2121,
erschienen 1998

Die Originalausgabe erschien 1994
beim Verlag Nagel & Kimche AG,
Zürich / Frauenfeld
© 1994 Verlag Nagel & Kimche

Umschlag: Dirk Lieb
unter Verwendung einer Zeichnung
von Käthi Bhend

 RTB-Reihenkonzeption:
Heinrich Paravicini, Jens Schmidt

Printed in Germany

**Die Schreibweise entspricht den
Regeln der neuen Rechtschreibung.**

5 4 3 2 1   02 01 00 99 98

ISBN 3-473-52121-3

TIERBUCH

Inhalt

Bruder Maulwurf,
Bruder Maulwurf,
schläfst du noch?
schläfst du noch?
Hörst du nicht die Käfer?
Hörst du nicht die Käfer?
Krisch, krasch, kroch,
krisch, krasch, kroch.

Das Nest

Was gibt es Schöneres auf der Welt als eine Höhle, in der es ganz, ganz dunkel ist? So dunkel muss es sein, dass man die Hand vor den Augen nicht sieht. Auch die Krallen darf man nicht sehen. Nichts. Es muss so dunkel sein, dass von einem Maulwurf nicht mehr zu sehen ist als von einem Regenwurm. Nur dann ist es dunkel genug, wenn man nicht einmal merkt, ob man die Augen auf- oder zu-macht.

Und dann der Geruch. Was nützt ein schöner Ruheplatz, wenn er nicht den richtigen Geruch hat? Nach Erde muss es riechen, nach guter, schwarzer Erde. Weich soll die Erde sein, aber nicht zu locker. Niemand hat es gern, wenn die Wände bröckeln und ausgerechnet dann auf einen herun-

9

terdonnern, wenn man in den schönsten Träumen ist.

Damit so ein stiller Winkel schön genug ist, muss er nicht nur dunkel sein. Er soll auch warm sein. Frische Luft kann einem die ganze Freude verderben.

Am besten, es riecht etwas miefig und süßlich und faulig, damit einem das Wasser im Mund zusammenläuft. Darum ist es wichtig, dass so ein Ruheplatz auch ein bisschen nach halbtoten Regenwürmern riecht. Nur zur Beruhigung.

Das leise Rascheln von kleinen Tieren kann nicht schaden. Das ist gut, wenn man allein sein will. Und das will man ja.

Dann muss so ein Lieblingsplatz natürlich trocken sein. Wer will schon, dass es ihm in den schönsten Stunden des Lebens auf den Pelz tropft? Und sind die Stunden, die man so ganz ungestört und allein zubringt, etwa nicht die schönsten Stunden des Lebens?

Das Schlimmste sind Überschwemmungen.

Trotzdem, ich weiß nicht, was schlimmer ist: eine Überschwemmung oder Besuch. Wer hätte das nicht schon erlebt? Du freust dich auf deine Ruhe,

und was geschieht? Es kommt jemand hereinge-
trampelt. Jeder weiß, wie grässlich das ist.
Aber schlafen, das ist etwas Schönes. Langsam
dämmerst du in deine Träume hinüber. Alles ist
still. Du hörst, wie hinter dir in der Wand ein Käfer
knistert. Etwas kitzelt dich an den Füßen. Bald
weißt du nicht mehr, ob es wirklich saftige Regenwürmer sind, die sich um deine Beine ringeln, oder
ob du das nur träumst. Du rollst dich zusammen.
Du steckst deine Nase in den Pelz. Dann fragst du
dich, ob du die süßen kleinen Spinnen, die auf dir
herumklettern, jetzt gleich fressen sollst oder ob du
lieber noch ein bisschen wartest. Und wenn du sie
fressen willst, merkst du, dass du dich nicht bewe-
gen kannst. Kein Bein. Keinen Arm. Schade. Aber
so ist das manchmal im Traum.

Im wirklichen Leben geht es nicht immer so friedlich zu. Auch dann nicht, wenn man sich so einen erstklassigen Winkel eingerichtet hat. Er war nicht bloß dunkel, dieser Winkel, er war zappenduster. Er war warm. Er roch gut. Er war trocken. Die Erde hielt. Alles war wunderbar weich ausgepolstert. Genau das Richtige, wenn man ein Maulwurf ist.

Aber der Maulwurf hatte keine Ruhe. Denn der Maulwurf war eine Maulwurfsmutter und musste drei kleine Kinder versorgen. Die Kinder waren mehr als klein. Winzig waren sie. Kein einziges Haar hatten sie am Leib. Und wenn ihre Mutter aufstand, piepsten sie so kläglich, wie noch nie ein Maulwurfskind gepiepst hat.

Wahrscheinlich frieren sie, dachte Mutter Maulwurf und deckte ihre Kinder mit ein paar Grasbüscheln zu, die im Nest lagen.

Die Kinder piepsten trotzdem weiter, weil sie Hunger hatten.

„Ich komme sofort wieder", sagte Mutter Maulwurf und rannte los. Maulwürfe haben immer Hunger. Mutter Maulwurf aber war so hungrig, dass sie keinen Augenblick mehr warten konnte. Am liebsten hatte sie Regenwürmer. Und zum Glück muss man nie lange suchen, bis man einen findet. Und noch einen. Und noch einen. Dann rannte sie in die Nesthöhle zurück. Mutter Maulwurf rutschte mehr auf dem Bauch, als dass sie lief.

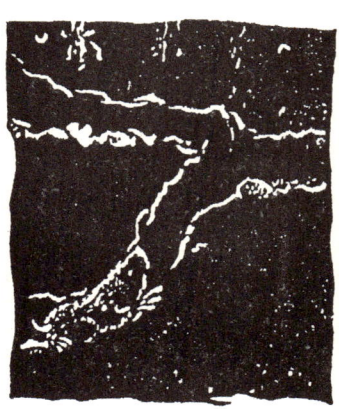

Kaum hörten die Kinder sie kommen, da jammerten sie schon wieder. Man könnte meinen, sie bekämen nie etwas zu fressen. Aber so war es nicht. Sie stürzten sich auf ihre Mutter, sobald sie nur einen Fuß ins Nest setzte. Die Mutter hatte kaum Zeit, sich auf die Seite zu legen, da waren die kleinen Maulwürfe schon am Saugen.

„Nicht mal in Ruhe hinlegen kann man sich", stöhnte Mutter Maulwurf. Aber sie hielt still, damit ihre Kinder sich satt trinken konnten.

Die winzigen Kinder wärmten ihre nackte Haut in dem samtweichen Pelz ihrer Mutter und waren zufrieden. Aber nicht lange. Und warum nicht? Weil Mutter Maulwurf wieder Hunger bekam.

„Ich komme sofort wieder, meine süßen Seidenwürmchen", sagte sie und rannte davon, um in aller Eile etwas zu fressen. Dann kam sie wieder, um ihre süßen Seidenwürmchen zu säugen und zu wärmen. Außerdem musste sie das Nest sauber halten und Abfälle wegtragen. Unterwegs stopfte sie die Löcher im Bau.

„Frische Luft ist gefährlich", murmelte sie.

Oft musste das Nest auch geflickt werden. Und das ist nicht einfach. Man muss weiter oben in den Gängen nach Graswurzeln suchen. Man findet sie, weil sie anders riechen als andere Wurzeln. Man muss an den Wurzeln ziehen, bis die Grashalme herunterkommen. Man muss sie zum Nest tragen. Man muss sie zusammenflechten. All das braucht seine Zeit. Und welche Mutter hat schon Zeit, wenn sie drei Kinder aufzieht?

So ging es Tag und Nacht.

Tag und Nacht? Nein. Tage gab es bei den Maulwürfen nicht, weil es immer dunkel war. Und wenn es keine Tage gibt, kann es auch keine Nächte geben. Jedenfalls konnte man sie nicht sehen.

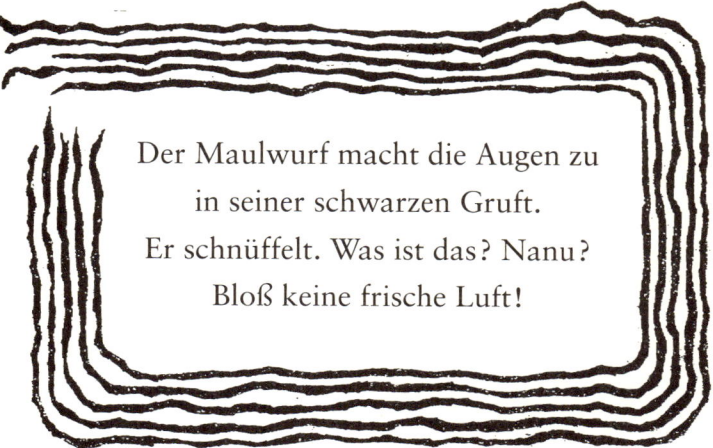

Der Maulwurf macht die Augen zu
in seiner schwarzen Gruft.
Er schnüffelt. Was ist das? Nanu?
Bloß keine frische Luft!

Wenn es nicht so dunkel gewesen wäre, hätte man sehen können, wie die nackten kleinen Maulwurfskinder aussahen: glasig rosa und fast durchsichtig. Und um den Bauch herum hatten sie jede Menge Falten. Man hätte sie für alles Mögliche halten können, nur nicht für Maulwürfe. Trotzdem hatten sie schon alles, was man braucht, um ein richtiger Maulwurf zu werden. Vor allem hatten sie starke Schultern und starke Hände zum Graben. Aber noch sahen sie nicht so aus. Man hätte sie eher mit Regenwürmern verwechseln können. Nur dass sie nicht so lang waren.

Und wie kommt es, dass ihre Mutter sie in der Dunkelheit nicht mit Regenwürmern verwechselt hat? Ganz einfach. Regenwürmer riechen anders. Und darauf kommt es an.

Außerdem piepsen Regenwürmer nicht.

Es dauerte keine zwei Wochen, bis Mutter Maulwurf fühlen konnte, wie der erste Flaum auf der nackten Haut ihrer Kinder erschien. Ein Pelz war das noch nicht. Aber die ersten feinen Härchen begannen zu wachsen. Die Kinder wurden von Tag zu Tag größer. Von Tag zu Tag wurden sie hungriger. Und je mehr Milch die Kinder brauchten, umso mehr Hunger bekam auch ihre Mutter.

„Ich komme sofort wieder, meine herzallerliebsten Seidenwürmchen", sagte Mutter Maulwurf, denn sie liebte ihre Kinder über alles. Aber auch eine Mutter, die ihre Kinder liebt, muss fressen. Und weil sie mehr und mehr fressen musste, wusste Mutter Maulwurf bald nicht mehr, wo sie noch etwas Essbares auftreiben sollte. Darum schaute sie vorsichtig aus ihrem Bau heraus. Und wenn alles still und nicht zu hell war, kletterte sie nach draußen und rannte über die Wiesen und in den Wald. Es war Frühsommer. In den Nächten fiel Feuchtigkeit und die Regenwürmer und Schnecken waren unterwegs. Mutter Maulwurf konnte sich satt fressen. Dann rannte sie, so schnell sie konnte, wieder in ihren Bau und zu ihren Kindern zurück. Mutter Maulwurf hatte nicht nur mehr Hunger als sonst. Sie hatte sogar Durst. Wer so viele saftige Regenwürmer frisst, braucht sonst nicht zu trinken. Aber als ihre Kinder noch mehr Milch saugen wollten, musste Mutter Maulwurf auch trinken gehen. Es war ein weiter Weg bis zum Brunnen. Dort wartete sie auf Wassertropfen, die aus einer undichten Stelle fielen.

Sie legte auch ein Vorratslager an. Wenn sie mehr Regenwürmer fand, als sie fressen mochte, biss sie ihnen die Köpfe ab, damit sie sich nicht davonmachen konnten, und legte sie zu den andern. So musste Mutter Maulwurf nicht jedes Mal, wenn ihr Magen knurrte, auf die Jagd gehen.

Denn wer drei kleine Kinder im Nest hat, lässt sie nicht gern allein. Wer weiß schon, was alles zu Hause passiert, während man unterwegs ist? Hungrige Tiere können kommen. Eine Überschwemmung kann es geben. Und es kommt vor, dass Kinder Unsinn machen. Mutter Maulwurf hatte keine ruhige Sekunde. Zufrieden war sie erst, wenn sie wieder zum Nest kam. Wenn alles in Ordnung war. Und wenn die drei kleinen Maulwürfe schliefen.

Was du da bringst, ist viel zu klein,
ein Wurm, damit wir nicht mehr schrein,
muss viel, viel, viel, viel größer sein.

Kleine Maulwürfe
vertragen sich gut

Es war einmal ein Maulwurf, der hatte Hunger, weil ein Maulwurf immer Hunger hat. Aber das stimmt so nicht. Der Maulwurf hatte zwar wirklich Hunger. Nur war es nicht ein Maulwurf. Es waren drei.

Sie hockten in ihrem Nest tief unter der Erde. Das Nest war mal ein Nest gewesen, aber jetzt sah es überhaupt nicht mehr danach aus. Es war vollkommen zerwühlt, weil die drei Maulwürfe sich nicht darüber einigen konnten, wer auf dem besten Platz hocken durfte.

Der beste Platz war der, wo man die Mutter zuerst erwischen konnte, wenn sie zurückkam.

Wenn sie zurückkam. Das dauerte immer viel zu lange.

„Wie kann eine Mutter bloß so langsam sein", sagte einer von den drei Maulwürfen.

„Was macht sie denn die ganze Zeit dahinten in den Gängen?", sagte der zweite.

Und der dritte sagte: „Wenn es nach ihr ginge, würden wir gleich verhungern."

Darüber waren sich die drei kleinen Maulwürfe einig. Aber über den besten Platz gab es Streit. Und je länger sie warten mussten, umso mehr Streit gab es. Sie waren fünf Wochen alt, halb so groß wie ein alter Maulwurf und hatten ein schönes graues Fell bekommen. Außerdem hatten sie Krallen und Zähne.

Es ist so in einer Maulwurfshöhle: Wer den besten Platz hat, kann zuerst von dem Regenwurm abbeißen, den die Mutter mitbringt. Weil er Hunger hat, beißt der Erste ein ziemlich großes Stück ab. Wer den zweitbesten Platz hat, darf als Zweiter abbeißen. Aber wer den zweitbesten Platz hat, hat auch Hunger, und darum bleibt oft für den, der den schlechtesten Platz hat, nichts mehr übrig. Das macht ihn wütend. Er stürzt sich auf den, der den besten Platz hat. Und der wehrt sich.

Die drei Kinder hatten ein Fell, das war weich wie Samt. Trotzdem, wenn es ums Essen ging, wurden sie kratzbürstig. Es gab Streit, und zwar jedes Mal. Aber sonst vertragen sich kleine Maulwürfe gut.

„Sie kommt!"

„Geh weg!"

„Lass mich auch mal!"

So schrien sie alle drei durcheinander.

Und wenn Mutter Maulwurf ihnen alles gegeben hatte, was sie an Essbarem herschleppen konnte, sagten die drei kleinen Maulwürfe: „Ist das alles?"

„Das ist alles", sagte Mutter Maulwurf.

23

„Sollen wir verhungern?", jammerten die drei kleinen Maulwürfe.

„Jetzt muss erst mal das Nest geflickt werden",
sagte Mutter Maulwurf. „Ich gehe Gras holen."

„Vergiss nicht, Stroh mitzubringen."

„Nein, Blätter, die stechen nicht so."

Und der dritte Maulwurf sagte: „Keine Blätter.
Moos muss es sein. Das ist weich."

„Wenn ihr alles besser wisst, könnt ihr ja selber
gehen, meine herzallerliebsten Seidenwürmchen",
sagte Mutter Maulwurf, denn sie hatte ihre Kinder
gern.

„Geh du nur", piepsten die drei Maulwürfe.

Und Mutter Maulwurf eilte davon. Sie raste durch
die Röhren, so schnell sie konnte. Sie wusste vom
letzten Mal, dass sie weit rennen musste, um noch
gutes Baumaterial zu finden. Sie musste sogar

24

draußen suchen, oben auf der Erde, wo man nie sicher sein konnte, ob man auch sicher war. Vor Marder und Fuchs musste man sich hüten. Und dann die großen Vögel. Die konnten einem Maulwurf schon Angst machen. Zum Glück war es nicht allzu hell, als Mutter Maulwurf den Kopf aus dem Bau hielt. Sie war gleich neben einem Baum herausgekommen, wo es immer Blätter und Moos gab.

Sie schnappte sich, was sie tragen konnte, und wühlte sich in größter Eile wieder in die Erde zurück.

Dann flitzte sie durch die lange Laufröhre. Unterwegs musste sie heruntergefallene Erde wegschaufeln. Dann die Wand wieder festdrücken. Dann flitzte sie weiter. Sie huschte durch den Verbindungsgang in die Kammer, wo das Nest war.

„Wo hast du unsern Regenwurm?", schrien die drei Maulwürfe.

Mutter Maulwurf legte Graswurzeln und feine Weizenhalme auf den Boden.

„Das riecht nicht nach Essen", jammerte der dritte Maulwurf. „Willst du, dass wir verhungern?"

„Raus aus dem Nest", sagte Mutter Maulwurf. „Ich muss arbeiten."

„Jetzt sollen wir auch noch erfrieren", jammerten die drei Maulwürfe.

„Wer arbeitet, friert nicht", sagte Mutter Maulwurf.

Aber die drei Maulwürfe wollten nicht arbeiten. Sie wollten lieber zuschauen.

26

„Auch gut, meine herzallerliebsten Seidenwürmchen. Beim Zuschauen kann man was lernen."

„Aber es ist zu dunkel", jammerten die drei Maulwürfe. „Wir sehen nichts."

„Auch gut. Dann müsst ihr selber rausfinden, wie
man die Halme miteinander verwebt, wenn ihr
groß seid."

Den kleinen Maulwürfen war es vollkommen
gleich, wie man ein Nest repariert. Sie stürzten sich
auf ihre Mutter, um Milch zu saugen. Dann wollten sie fressen.

„Einen Regenwurm!"

„Einen Engerling!"

Und der dritte Maulwurf jammerte: „Eine schöne
fette Schnecke!"

„Sofort, meine herzallerliebsten Seidenwürmchen",
sagte Mutter Maulwurf. Schon war sie wieder weg.

Diesmal dauerte es nicht so lange wie sonst, bis Schritte zu hören waren.

„Endlich!", sagten die drei Maulwürfe.

Aber dann flüsterte der dritte Maulwurf: „Pssst!" Ihm gefielen diese Schritte nicht.

Sie saßen ganz still und horchten. Weiter hinten lief jemand durch den Bau. Ein Fuchs? Ein Wiesel? Nein. Es waren die Schritte eines Maulwurfs. Aber etwas stimmte nicht mit diesem Maulwurf. Die Schritte waren langsam. Zwischendurch hörten sie ganz auf. Manchmal schienen sie sich auch zu entfernen. Dann kamen sie wieder näher. Trapp trapp. Schlurf schlurf. Schnüffel schnüffel. Kein Zweifel. Es war nicht der richtige Maulwurf.

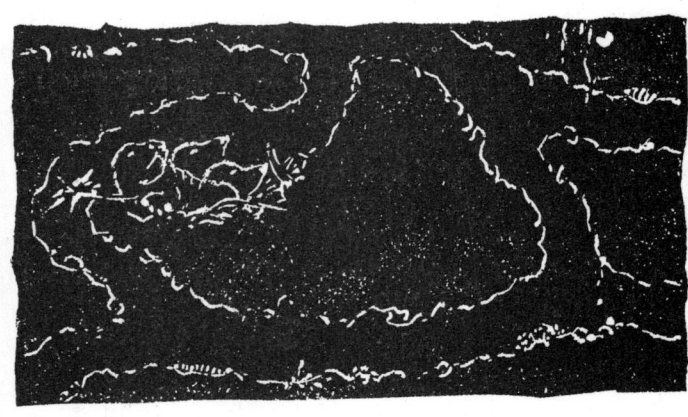

Was muss man tun, wenn ein fremder Maulwurf kommt?

Die drei Maulwürfe hatten keine Ahnung. Sie saßen still und rührten kein Härchen. Sie wagten kaum, Luft zu holen.

Es dauerte nicht lange, da hörten sie ein neues Geräusch. Auch ein Maulwurf. Aber der richtige. Leider war Mutter Maulwurf noch viel zu weit weg.

Dann hörten die drei Maulwürfe Geräusche, die sie noch nie gehört hatten, Kreischen, Keifen, Beißen, Kratzen, Schleifen, Krachen. Ein wütendes Durcheinander von Lärm. Mal wurde es lauter, mal leiser. Dann hörte es für kurze Zeit ganz auf, um gleich wieder anzufangen. Sie mussten lange warten, bis es still wurde.

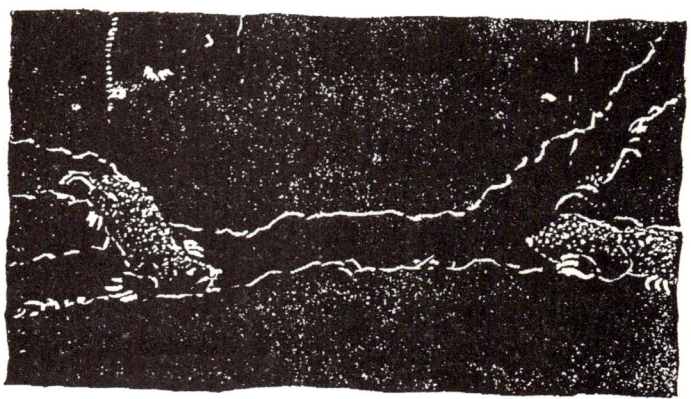

Mit schlurfenden Schritten kam Mutter Maulwurf zum Nest.

„Was war das?", flüsterten die Kinder.

„Besuch", sagte Mutter Maulwurf.

„Was wollte der Besuch?"

„Also, wenn ihr mich fragt", sagte Mutter Maulwurf, „der wollte euch fressen. Diese Maulwürfe bringen alles fertig."

„Uns kann man doch nicht fressen."

Mutter Maulwurf antwortete nicht. Aber der dritte Maulwurf wollte es wissen. Er sagte: „Wer frisst denn Maulwürfe?"

„Dumme Frage", sagte Mutter Maulwurf.

„Sag doch mal."

Die Mutter schüttelte bloß den Kopf.

Aber der kleine Maulwurf ließ sich nicht abschrecken. „Maulwürfe sind zum Fressen da und nicht zum Gefressenwerden. Dafür sind die Regenwürmer da. Wie soll einer uns fressen wollen? Das ist doch verrückt."

„Das wirst du schon
30 noch verstehen, mein herz-
allerliebstes Seidenwürmchen", sagte Mutter
Maulwurf, denn sie liebte ihre Kinder über alles.

„Und wo ist jetzt unser Regenwurm?"

„Ich habe etwas Besseres mitgebracht", sagte Mutter Maulwurf.

„Was ist es?"

„Wollt ihr raten?"

„Eine Schnecke?"

„Eine Eidechse?"

„Ein Käfer?"

„Quatsch. Käfer sind doch nicht besser als Regenwürmer!"

„Sag schon, was es ist!"

„Eine Blindschleiche", sagte Mutter Maulwurf.

„Und wo ist sie, deine Blindschleiche?"

„Ja, wo ist sie?" Weit und breit war keine Blindschleiche zu riechen oder zu hören.

31

„Hat sich weggeschlichen, die Blindschleiche", sagte der dritte Maulwurf.

Aber Mutter Maulwurf wusste, wo sie war. Sie ging zurück zu dem Platz, wo sie mit dem anderen Maulwurf gekämpft hatte. Dort in der Nähe konnte sie sie riechen. Sie zerrte die Blindschleiche den Gang entlang bis zum Nest.

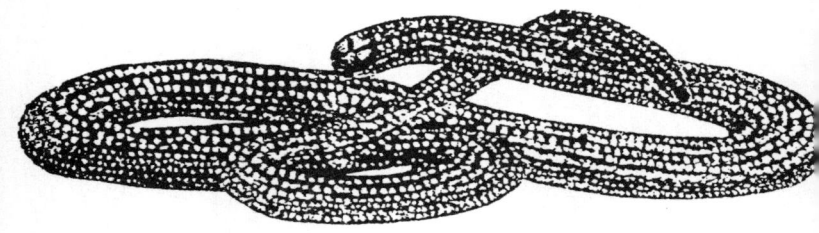

„Ist das alles?", sagten die drei kleinen Maulwürfe. Aber als sie fühlten, wie groß die Blindschleiche war, sagten sie: „Endlich genug zu essen."
„Das reicht für uns alle, meine herzallerliebsten Seidenwürmchen", sagte Mutter Maulwurf.
Sie aßen lange, bis alle satt waren. Und diesmal waren sie so satt, dass sich nachher alle vier zusammengerollt haben und eingeschlafen sind.

Eia popeia, was raschelt im Stroh?
Das sind die lieben Kleinen,
die mögen sich so.
Sie kratzen und beißen und keifen im Chor,
das kommt in jeder Maulwurfsfamilie vor.

Besuch?
Nein danke

Die drei kleinen Maulwürfe waren schon fast so groß wie Mutter Maulwurf. Sie hatten ein dichtes Fell. Sie hatten starke Arme. Und vor allem hatten sie Krallen und Zähne.

Ab und zu kroch einer von ihnen aus dem Nest und lief aus der Kammer, um zu sehen, wie es im Gang roch. Der Gang war eng und gebogen. Von weither konnte man dort Geräusche hören. Viele Geräusche. Bekannte und unbekannte Geräusche. Und wenn ein Maulwurf losgegangen war, dauerte es nicht lange, bis die andern hinterherkamen. Aber es dauerte auch nie lange, bis irgendetwas zu hören war, das gefährlich klang, und dann krochen die kleinen Maulwürfe schnell ins warme Nest zurück.

35

Wenn ein Feind kommt, muss man sich verstecken und ganz still sein. Das hatte Mutter Maulwurf ihnen oft genug gesagt.

Aber was ist ein Feind?

Mutter Maulwurf erklärte es.

„Ein Feind ist einer, der dich fressen will. Klar?"

„Klar."

„Oder einer, der dir deine Höhle wegnehmen will."

„Klar", sagten die drei Maulwürfe.

Und der dritte Maulwurf sagte: „Was denn nun?

Fressen oder Höhle wegnehmen?"

„Je nachdem", sagte Mutter Maulwurf. „Aber das kommt auf eins raus. Man muss sie alle wegjagen. Vor allem die andern Maulwürfe. Klar?"

„Klar", sagten die drei Maulwürfe. „Aber wie?"

„Beißen und kratzen", sagte Mutter Maulwurf.

„Und das genügt?"

„Man muss nur wollen. Klar?"

„Klar", sagten die drei Maulwürfe.

„Aber wenn es ein Wiesel ist, eine Kreuzotter oder ein Iltis, dann ist es besser wegzurennen."

„Natürlich", sagten die drei Maulwürfe.

Nur der dritte Maulwurf wollte noch mehr wissen: „Wie merke ich denn, ob jemand mich fressen will?"

„Kein Problem", sagte Mutter Maulwurf. „Alles, was größer und stärker ist als du, will dich fressen."

„Klar", sagte der kleine Maulwurf. Dabei war er gar nicht so sicher. Wie soll denn ein kleiner Maulwurf jemanden wegjagen? Er dachte nach.

„Ich hab aber Angst", sagte er nach einer Weile.

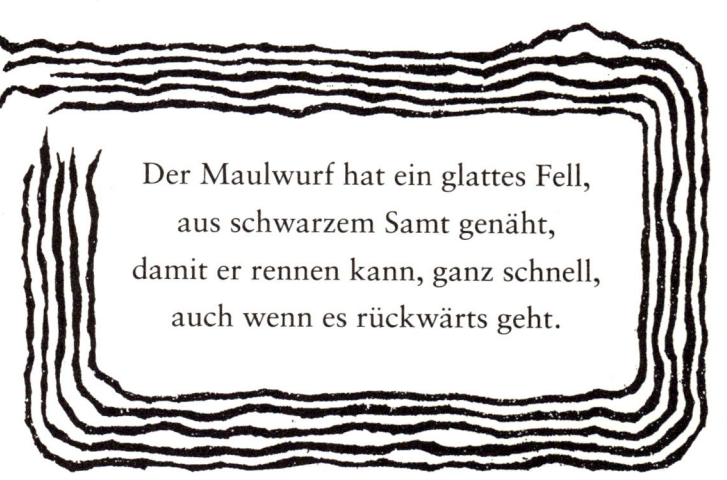

Der Maulwurf hat ein glattes Fell,
aus schwarzem Samt genäht,
damit er rennen kann, ganz schnell,
auch wenn es rückwärts geht.

„Das ist gut", sagte Mutter Maulwurf. „Wenn du einen Feind verjagen willst, musst du erst noch ein ganzes Stück größer werden. Bis dahin ist es besser, wenn du dich versteckst und still bist."

„Klar", sagte der kleine Maulwurf.

Nun wussten die drei Maulwürfe, was ein Feind ist. Was aber ist ein Freund? Das sollte man doch auch wissen.

„Ganz einfach", sagte Mutter Maulwurf. „Ein Freund ist einer, den du fressen kannst. Klar?"

„Klar", sagten die drei kleinen Maulwürfe. Das war nicht schwer zu begreifen. Sie bekamen schon Hunger, wenn sie an ihre vielen Freunde dachten: an die Regenwürmer, die Engerlinge, die Tausendfüßer und all die andern Leckerbissen. Das Wasser lief ihnen im Mund zusammen.

„Wann kommt das Essen?", schrien die drei herzallerliebsten Seidenwürmchen.

„Dann muss ich wohl", sagte Mutter Maulwurf. Sie stand auf und schlurfte davon, um neues Essen für ihre Kinder zu besorgen.

Sie vertrugen sich gut, die drei kleinen Maulwürfe. Aber wenn sie hörten, wie von weitem ihre Mutter hastig durch die Röhren herbeihuschte, wollte jeder der Erste sein beim Fressen. Dann schlug der eine dem andern die Zähne ins Fell. Wofür hat man sie denn sonst, die Zähne?

Wenn die Mutter nicht sofort kam, ging es dem armen Bruder schlecht. Und welche Mutter kommt schon sofort, wenn man sie braucht? Jedenfalls versuchten alle drei, sich einen guten Platz zu erobern, wo man vom nächsten Regenwurm das beste Stück abbeißen konnte. Und was ist das beste Stück? Das größte.

Als Erstes kam ein herrlicher Geruch von etwas Essbarem. Dann konnte man mit der Nase fühlen,

wie der Regenwurm zappelte. Und dann erst war die Mutter im Nest, die den Regenwurm herbeigeschleppt hatte und nun nicht wusste, wie sie ihn gerecht verteilen sollte.

„Ich! Ich! Ich!", schrien die drei kleinen Maulwürfe.

„Immer der Reihe nach", sagte die Mutter, denn auch wenn man scharfe Krallen und Zähne hat, sollte es gerecht zugehen."

Aber was ist der Reihe nach? Ist der Erste der, der auf dem besten Platz sitzt? Oder der, der gerade von dort vertrieben wurde, weil er sich vor lauter Hunger nicht mehr wehren konnte? Oder frisst zuerst immer der, der beim letzten Mal nichts abbekommen hat? Schön wär's.

„Hau ab", sagte der erste Maulwurf zum zweiten.

„Sehr richtig", schrie der dritte Maulwurf und schob die andern beiden beiseite, weil er der erste sein wollte. Der erste Maulwurf aber wollte der erste bleiben, biss den dritten in die Nase, und der biss zurück, sodass der zweite Maulwurf der erste wurde und als erster vom Regenwurm abbeißen konnte. Der erste und der dritte Maulwurf stritten sich unterdessen darüber, welcher von ihnen der zweite sein sollte, sodass der zweite, weil er im Augenblick noch der erste war, den ganzen Regenwurm allein fressen konnte. Das sollte ihm nicht gut bekommen, weil der dritte nicht wollte, dass der zweite der erste blieb.

Es war ein großes Durcheinander. Wie sollte man da wissen, was die richtige Reihenfolge war? Es war unmöglich.

„Ist ja auch gleich", sagte der dritte Maulwurf und schob seine Brüder zur Seite. „Hauptsache, beim nächsten Mal kriege ich genug."

Die Brüder kreischten.

Aber sonst vertragen sich kleine Maulwürfe gut.

Sie waren jetzt öfter allein als am Anfang. Wenn Mutter Maulwurf etwas zu essen brachte, rissen sie es ihr aus den Händen und riefen: „Ist das alles?"

Dann rannte Mutter Maulwurf wieder davon.

„Ich komme sofort, meine herzallerliebsten Seidenwürmchen", keuchte sie, denn sie liebte ihre Kinder über alles.

Aber sie kam nicht sofort. Jedes Mal dauerte es etwas länger.

Was sollten die drei Maulwürfe tun?

Sie gingen selber los. Nicht weit. Sie mussten auch gar nicht weit gehen, bis sie etwas entdeckten. Eine Larve. Einen Käfer. Einen halbtoten Wurm.

„Es ist gar nicht so schwierig", sagten sie. „Das Jagen."

Den Rundgang um die Nestkammer kannten die
drei Maulwürfe schon auswendig. Und die Verbin-
dungswege auch. Ein Stück weit wagten sie sich
auch in den großen Laufgang. Aber dort mussten
sie aufpassen. Manchmal hörten sie größere Tiere
in der Ferne.

Der dritte Maulwurf fühlte, wie der Boden bebte.

„Das muss ein Fuchs sein", flüsterte er, und alle
drei rannten schnell ins Nest zurück. Dort lagen sie
wie früher, zankten sich um die besten Plätze und
warteten.

„Ganz schön langweilig", grunzten sie.

Dann kam Mutter Maulwurf. Sie legte sich zu
ihren Kindern, um ein wenig zu schlafen. Sie hatte
fast keinen Platz mehr im Nest, weil die Kinder so
groß geworden waren.

„Macht mal Platz", sagte sie.

„Wann gibt's was zu essen?", sagten die drei Maulwürfe.

„Essen?", sagte Mutter Maulwurf.

„Was denn sonst?", sagten die drei Maulwürfe.

„Ich will jetzt schlafen", knurrte Mutter Maulwurf.

43

„Und wir wollen essen", sagten die drei Maulwürfe. „Mach schon!"

„Ihr könnt mich mal, Leute", sagte Mutter Maulwurf.

Die drei herzallerliebsten Seidenwürmchen
schnappten nach Luft.

„Was soll das heißen?",
sagte das eine Seidenwürmchen.

„Die meint uns", sagte das zweite.

Und das dritte Seidenwürmchen sagte: „Natürlich
meint die uns. Wen soll die denn sonst meinen, du
blöder Sack?"

Maulwürfe sind Maulwürfe. Und Maulwürfe lassen sich so etwas nicht zweimal sagen. Sie beißen
44 zu. Als die Prügelei zu Ende war, fragten sich die
drei Maulwürfe: „Was ist bloß mit unserer Alten
los?"

„Es heißt ‚Mutter Maulwurf‘“, sagte der dritte Maulwurf.

Und seine Brüder knurrten: „Wenn du alles besser weißt, kannst du ja gehen.“

Trotzdem wollten die drei Maulwürfe gern wissen, warum ihre Mutter nichts mehr zu essen brachte.

„Vielleicht denkt sie, dass wir keine Kinder mehr sind“, sagte der dritte Maulwurf.

Und seine Brüder zeigten ihre Zähne und knurrten: „Woher willst du das wissen?“

Mutter Maulwurf war schon wieder unterwegs, um in den weiter entfernten Gängen nach dem Rechten zu sehen. Wochenlang hatte sie keine Zeit gehabt, sich um den Bau zu kümmern, weil sie zu viel mit den Kindern zu tun hatte. Aber wenn man so einen riesigen Bau zu lange allein lässt, verkommt er. Wände brechen zusammen. Überschwemmungen schneiden ganze Stockwerke ab. Andere Tiere benutzen die Laufröhren. Kröten hocken in den Winkeln. Ganze Mäusefamilien nisten sich ein. So weit sollte ein Maulwurf es nicht kommen lassen. Dabei waren Mäusefamilien gar nicht so übel, denn junge Mäuse schmecken gut.

Mutter Maulwurf hatte lange damit zu tun, wieder

Ordnung zu machen. Auch neue Gänge sollten gegraben werden, da ein Bau ja nie fertig ist. Es gibt immer etwas zu verbessern.

„Eignes Heim, Glück allein", sagte Mutter Maulwurf, wenn sie zurückkam.

„Was soll das heißen?", sagten die drei Maulwürfe.

„Nichts", sagte Mutter Maulwurf. „Gar nichts."

„Hi, hi, hi", sagte der eine Maulwurf.

„Lach nicht so blöd", sagte der andere.

Und der erste kreischte zurück: „Selber blöd!"

Dann kreischte der dritte Maulwurf hinterher: „Ihr seid beide blöd. Doppelblöd!"

„Wenn ihr euch nicht vertragt", knurrte Mutter Maulwurf, „dann könnt ihr ja gehn, Leute."

„Erstklassige Idee!", sagten die drei Maulwürfe.

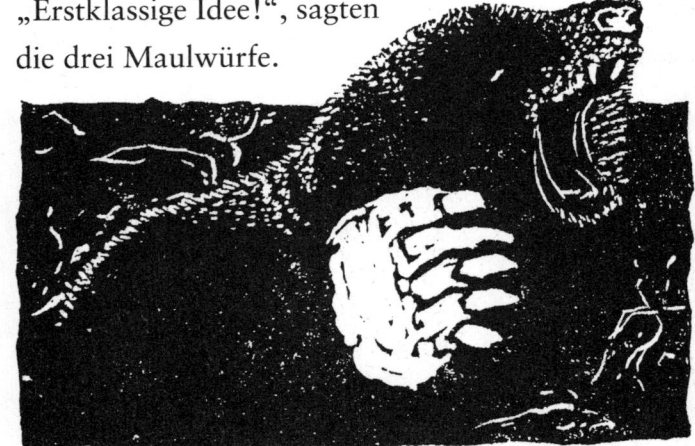

Aber noch war es nicht so weit. Zu dritt drängten sie sich im Nest, sodass für Mutter Maulwurf gar kein Platz mehr blieb. Kaum trat einer dem andern auf die Füße, zeterte der: „Fiese Ratte!" Und wer schon mal zu dritt in einem so engen Nest gewohnt hat, weiß, wie leicht einer dem andern auf die Füße tritt.

„Selber fiese Ratte!", kreischte dann der erste.

Und der dritte keifte: „Beide fiese Ratten! Doppelfiese Doppelratten!"

Mutter Maulwurf hatte das Gezänk schon seit langem satt und knurrte: „Trippelfiese Trippelratten!"

Aber sonst vertragen sich kleine Maulwürfe gut. Kleine Maulwürfe. Nur waren die Maulwürfe in der Höhle nicht mehr klein. Sie waren groß und hatten jede Menge Ärger.

Lange konnte es so nicht mehr weitergehen.

Ein Maulwurf ist ein Maulwurf. Und wer ein richtiger Maulwurf ist, der will sich nicht länger als unbedingt nötig mit einer Familie herumschlagen. Allein will er sein und sonst gar nichts. Sonst wäre er kein Maulwurf.

„Wie ist es oben, auf der Erde?", fragten die drei Maulwürfe.

„Ihr könnt ja mal nachsehen, Leute", sagte Mutter Maulwurf.

Das ließen sich die drei kleinen Maulwürfe nicht zweimal sagen. Schließlich waren sie jetzt schon genauso groß wie Mutter Maulwurf.

„Erstklassige Idee", sagten die drei Maulwürfe.

„Am besten, wir gehen jetzt gleich."

„Und wo geht es nach oben?"

„Immer der Nase nach", sagte Mutter Maulwurf.

„Es ist nicht schwer zu finden."

„Jetzt gleich?", sagte der eine Maulwurf.

„Jetzt bin ich zu müde", jammerte der andere.

Und der dritte sagte: „Wir wollen noch warten. Bis morgen."

48

„Erstklassige Idee", sagten die drei Maulwürfe.

Noch einmal legten sie sich alle zusammen ins

Nest, wärmten einander mit ihren samtweichen Pelzen und schliefen ein.

Das Wandern ist des Maulwurfs Lust,
das Wandern ist des Maulwurfs Lust,
das Wa-handern.
Auf einer Wiese blieb er stehn
und grub und ward nicht mehr gesehn,
und grub und ward nicht mehr gesehn,
beim Wa-handern.
Beim Wa-ha-ha-ha-ha-ha-handern,
beim Wa-ha-ha-ha-ha-ha-handern,
beim Wandern, beim Wandern,
beim Wa-handern.

Endlich allein

„Wo bleibt das Essen?", sagten die drei Maulwürfe, als sie wieder aufwachten.

Und Mutter Maulwurf gab zur Antwort: „Ihr wisst ja selber, wo ihr was findet, Leute."

Warum war Mutter Maulwurf so unfreundlich? Wochenlang hatte sie ihre herzallerliebsten Seiden-würmchen über alles geliebt. Sie hatte sie gefüttert und geleckt und gewärmt. Sie hatte ihnen immer wieder das Nest zurechtgemacht. Und damit war es jetzt auf einmal vorbei?

Warum?

„Ich glaube, sie will allein sein", sagte einer von den drei Maulwürfen.

51

„Warum auch nicht", sagte ein anderer. „Alleinsein ist das Schönste, was es gibt."

„Aber nur, wenn genug andere Tiere da sind, die man fressen kann", sagte der dritte Maulwurf.

„Hör sofort auf, vom Fressen zu reden. Ich habe Hunger."

Alle drei hatten sie Hunger. Darum krochen sie in den Gang hinaus, um etwas Essbares zu suchen.

Aber der dritte Maulwurf kehrte noch einmal um und fragte: „Wie ist es oben auf der Erde?"

„Hell", sagte Mutter Maulwurf.

„Hell?", sagte der Maulwurf. „Riecht das gut?"

„Man kann es überhaupt nicht riechen. Man kann es nur sehen."

„Und wie geht das, sehen?"

„Du musst die Augen aufmachen. Dann kannst du sehen, wie es hell ist."

Der Maulwurf machte seine Augen auf und sagte: „Ich sehe aber nichts."

„Weil es hier unten in der Erde dunkel ist."

„Und oben auf der Erde ist es nicht dunkel? Dort ist es hell? Das ist ja ganz einfach."

„Nicht immer. Am Tag ist es hell. In der Nacht ist es dunkel."

„Warum?"

„Es ist einfach so", sagte Mutter Maulwurf.

„Und wie weiß ich dann, ob ich auf der Erde bin oder in der Erde?"

„Das wirst du schon noch verstehen", sagte Mutter Maulwurf.

„Ich verstehe jetzt schon alles", sagte der Maulwurf. „Und nun will ich gehen und sehen, wie es hell ist auf der Erde."

Er lief los. Aus der Kammer in den Verbindungsgang. Durch den Verbindungsgang in die Laufröhre. Durch die Laufröhre immer geradeaus. Dann kamen die Nebengänge. Immer der Nase nach ging er, wie seine Mutter gesagt hatte. Nur zeigte seine Nase mal hierhin und mal dahin, sodass er bei einer Kreuzung oft nicht wusste, wie es weiterging.

„Was tut's", sagte er dann. „Irgendwohin wird es schon gehen."

Und jedes Mal, wenn eine Röhre nach oben führte, kletterte er ein Stück höher. Es konnte nicht mehr lange dauern, bis er oben auf der Erde war.

Er blieb stehen. Er hörte etwas. Über ihm kratzte es. Wenn er stehen blieb, hörte das Kratzen auf. Der Boden bebte dann ein wenig. Mit den Borsten an Händen und Füßen konnte er es fühlen. Und mit denen am Schwanz und mit den Nasenborsten auch. War das etwas Gefährliches? War es ein Grund zum Umkehren?

„Nein", sagte der Maulwurf. „Ein Grund zum Weitergehen. Was es auch sein mag, ich werde schon damit fertig."

In diesem Augenblick kam er an eine Stelle, wo er nur noch lockere Erde über sich fühlte. Ganz leicht konnte er sich durchwühlen. Während er noch wühlte, begann es sonderbar zu riechen. Kühl und unangenehm roch es.

Das muss die frische Luft sein, von der unsere Mutter erzählt hat, dachte der Maulwurf.

Er hielt vorsichtig den Kopf nach draußen in die frische Luft. Er machte die Augen auf. Nein. Sehr hell war es nicht. Aber ganz dunkel auch nicht.

Vielleicht ist das die Nacht, von der unsere Mutter erzählt hat, dachte der Maulwurf.

Die Nacht war voller Geräusche, die er nicht kannte. Und sie roch sehr aufregend. Ganz anders als unten die Erde. Nein, nicht ganz anders. Gleich neben ihm roch es ein wenig wie zu Hause im Nest. Dann hörte er Stimmen. Wie zu Hause im Nest.

„Ach so", sagten die Stimmen, „du bist es. Und wir dachten schon, es wäre was zum Fressen."

Zwei Maulwürfe kratzten ungeschickt mit ihren Krallen im Boden.

Der Maulwurf war froh, seine Brüder wieder zu finden. Aber er war nicht nur froh. Ein bisschen ärgerte es ihn auch. Es gefiel ihm, allein auf die Geräusche der Nacht zu horchen und ihre Gerüche kennen zu lernen.

Eins war klar: Wenn er allein sein wollte, musste er jetzt weitergehen, und zwar allein. Und seinen Brüdern ging es nicht anders.

Denn ein Maulwurf ist ein Maulwurf. Und wer ein richtiger Maulwurf ist, der will sich nicht länger als unbedingt nötig mit einer Familie herumschlagen. Auch dann nicht, wenn er seine Familie gern hat. Allein will er sein und sonst gar nichts.

So kam es, dass sie alle drei in verschiedene Richtungen davongewandert sind.

Als unser Maulwurf ein Stück gegangen war, dachte er: Das ist genug für den Anfang. Vielleicht sollte ich mich erst einmal eingraben und ausruhen. Aber ein Loch zu graben war gar nicht so einfach, wie er es sich vorgestellt hatte.

Dann eben nicht, dachte er und ging weiter.

Er vergaß alle Müdigkeit, als er einen Regenwurm roch. Der Wurm steckte nur halb im Boden, und wenn er sich etwas Mühe gab, konnte er ihn herausziehen.

„Du bist der wunderbarste Regenwurm, den ich je gefressen habe", sagte der Maulwurf.

Er dachte: Wenn das so ist, kann ich gut noch ein Stück weiterlaufen.

Wie wunderschön ist diese Welt,
wie wunderschön ist diese Welt,
zum Wa-handern.
Nach einer Stunde wird es Frust,
wenn du noch weiterwandern musst,
wenn du noch weiterwandern musst,
noch wa-handern.
Noch wa-ha-ha-ha-ha-ha-handern,
noch wa-ha-ha-ha-ha-ha-handern,
noch wandern, noch wandern,
noch wa-handern.

Du wanderst weiter, weil du musst,
du wanderst weiter, weil du musst,
du wa-handerst.
Und denkst, wie lange dauert's noch,
beim nächsten Baum grab ich ein Loch,
beim nächsten Baum grab ich ein Loch,
statt wa-handern.
Statt wa-ha-ha-ha-ha-ha-handern,
statt wa-ha-ha-ha-ha-ha-handern,
statt wandern, statt wandern
statt wa-handern.

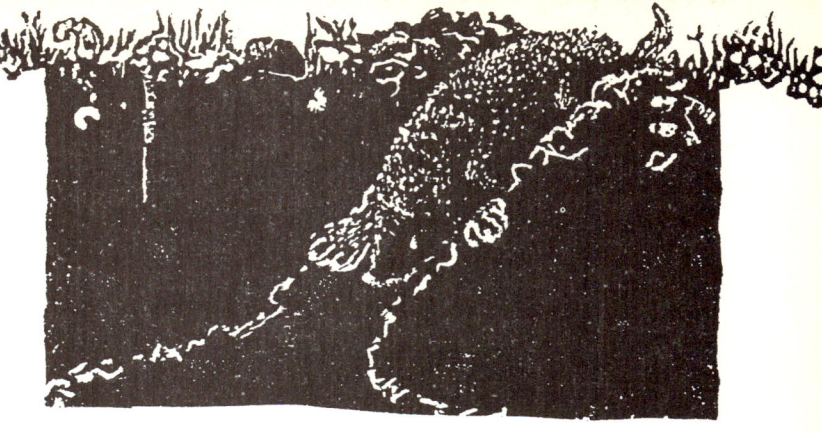

Er war in einen Wald gekommen und über ihm rauschten die Blätter. Er blieb stehen, um zu horchen. Es war ein gleichmäßiges Rauschen.

Das kann nicht gefährlich sein, dachte der Maulwurf.

Aber manchmal war ihm, als veränderte sich das Geräusch über ihm. Das gefiel ihm nicht. Es klang, als könnte sich jeden Augenblick ein Feind auf ihn herunterstürzen.

Bloß nicht!, dachte der Maulwurf. Ich will nicht gefressen werden!

Was tun? Eingraben. Sofort eingraben. Aber das ist leichter gesagt als getan, wenn man sich noch nie eingegraben hat. Der Maulwurf hatte Glück. Er entdeckte ein Loch im Boden und stürzte sich kopfüber hinein. Sein Herz klopfte, aber er war sicher.

59

Lange blieb er still sitzen und rührte sich nicht.

Dann versuchte er herauszufinden, wo er war.

Schräg nach unten führte ein Gang. Nicht zu eng und nicht zu weit. Gerade richtig für einen Maulwurf. Das gefiel ihm. Es fühlte sich an, als hätte er genau die richtige Wohnung für sich gefunden. In der Wand steckten Käfer, die er nur herauszuholen brauchte. Auch Engerlinge und Regenwürmer fand er. Es war alles da, was er zum Alleinsein brauchte.

Dann aber hörte er ganz weit hinten im Gang Schritte. Er hörte, wie Fell an den Wänden entlangscheuerte. Und die Schritte kamen auf ihn zu.

Kämpfen?, fragte sich der Maulwurf. Oder nicht kämpfen?

Diesmal nicht, dachte er. Also wegrennen. Sofort. Und er rannte davon, so schnell, wie er noch nie gerannt war. Er kletterte und rutschte. Auch als er oben auf dem Waldboden angekommen war, hörte er noch nicht auf zu rennen. Aber er fürchtete sich vor den Eulen, die hoch in den Bäumen auf ihn warten konnten. Darum wühlte er sich unter die Blätter, die vom letzten Jahr noch am Boden lagen. Unter den Blättern rannte er weiter.

Aber die Blätter raschelten zu laut. Seine Angst

hörte nicht auf. Er rannte trotzdem weiter. Erst, als er keine Bäume mehr über sich hörte, blieb er stehen.

„Geschafft!", sagte er.

Endlich konnte er Luft holen. Nun musste er überlegen, in welche Richtung er weitergehen wollte. Und als er noch überlegte, geschah etwas Merkwürdiges. Das Dunkel wurde langsam weniger. Ganz von selber. Es verschwand einfach. Alles um ihn herum wurde heller und heller. Bald blendete ihn das Helle, und es blendete ihn mehr und mehr, sodass er immer wieder die Augen zumachen musste. Nur hinter ihm, wo die Bäume standen, war noch etwas Dunkelheit übrig geblieben. Dahin wollte der Maulwurf zurück und sich ausruhen. Wo das Moos weich war und genug Blätter lagen, grub er sich ein. Nur ein wenig, gerade genug, dass ihn das trockene Laub zudeckte. Das Laub war nicht so weich wie das Fell von Mutter Maulwurf. Aber es wärmte. Da wollte er schlafen, bis ihn der Hunger wieder aufweckte.

Der Weg ist lang.
Mein Herz ist bang.
Es tun mir Zeh
und Schaufeln weh.

Eignes Heim?

Der Maulwurf war noch gar nicht ganz aufge-
wacht, da merkte er seinen Hunger schon.

„Wo bleibt das Essen?", murmelte er.

Dann fiel ihm ein, dass er nicht mehr zu Hause im
Nest lag, dass er losgegangen war, um sich eine
eigene Höhle zu bauen, und dass keine Mutter da
war, die ihm einen Regenwurm bringen konnte.

„Selbst ist der Maulwurf", sagte er und stand auf.
Er freute sich von neuem darüber, dass er allein
war. Bis er einen Wurm gefunden hatte, brauchte er
nicht weit zu suchen. Ein Regenwurm ist gut. Zwei
sind besser. Aber zu wenig. Erst zwei Dutzend sind
genug. Und die muss man erst mal haben. Die
guten Zeiten, als ihm das Essen vor die Nase gehal-
ten wurde, waren vorbei.

63

Auch wenn ich noch hungrig bin, dachte der Maulwurf, ich muss weiter. Sonst finde ich nie einen Platz für mich allein.

Ab und zu kratzte er im Boden. Aber einen Eingang in die Erde brachte er nicht zustande.

„Hier ist die Erde zu hart", sagte er.

Er ging ein Stück weiter und versuchte es anderswo. Leider kam nur eine Vertiefung auf dem Feld dabei heraus. Der Maulwurf schaute sich sein Werk an und sagte: „Hier ist die Erde zu bröckelig."

Er musste also weiterlaufen. Beim nächsten Mal stand er mit dem Bauch im Matsch. Er kroch davon und sagte: „Hier ist die Erde zu nass."

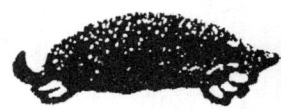

Das Wandern ist des Maulwurfs Lust,
das Wandern ist des Maulwurfs Lust,
das Wa-handern.
Auf einer Wiese blieb er stehn
und grub und ward nicht mehr gesehn,
und grub und ward nicht mehr gesehn,
beim Wa-h
Beir

In Wahrheit war es so, dass er noch nicht wusste, wie es gemacht wird. Auch ein Maulwurf braucht Übung. Und nachdem er es noch ein paar Mal versucht hatte, merkte er, wie es abwärts ging beim Graben.

Der Maulwurf war begeistert. Er kratzte und wühlte. Lockern, schieben, drehen, festdrücken, nach hinten werfen. Lockern, schieben, drehen, festdrücken, nach hinten werfen. Und wenn sich zu viel lockere Erde hinter ihm angesammelt hatte, schob er sie mit dem Hinterteil nach draußen. Bald hörte er auf, nach unten zu graben. Er wühlte sich

65

vorwärts, immer der Nase nach, bis er fand, dass es fürs Erste genug war.

Er drehte sich ein paar Mal um sich selber, bis die Röhre weiter wurde und höher. Er drückte die Wände fest, so gut er konnte. Dann rollte er sich zusammen und freute sich über seine eigene Höhle.

„Eignes Heim, Glück allein", sagte er, wie es seine Mutter gesagt hatte.

Ein Geräusch weckte ihn auf.

„Hast du das gehört", sagte der Maulwurf zu sich selber.

Er klappte seine Ohren auf, so weit er konnte.

„Besuch?", knurrte er. Er war die Freundlichkeit in Person. Aber nur, wenn er allein war. Kaum kam jemand auch nur in Hörweite, war es mit seiner Freundlichkeit vorbei. Der Maulwurf horchte erst einmal, um herauszufinden, um wen es sich handelte. Man muss ja wissen, wie stark der andere ist. Bei Besuch geht es immer um Leben und Tod. Jeder Maulwurf weiß, dass es drei Arten von Besuch gibt. Die einen kommen herein, weil sie ihn fressen wollen. Aber davor muss man sich nicht fürchten, wenn man die Gänge eng genug macht. Und wenn man die Fluchtwege nicht vergessen hat. Die an-

66

dern kommen herein, damit man sie fressen kann. Von denen gibt es viele. Und die Dritten kommen, weil sie sich verlaufen haben. Die kann man natürlich auch fressen. Und wenn sie sich nicht fressen lassen wollen, muss man sie rausjagen. Vor allem andere Maulwürfe können Ärger machen. Unser Maulwurf hatte keine Angst. Er war gut im Beißen und Kratzen und auch im Zurückbeißen und Zurückkratzen. Das hatte er lange genug geübt mit seinen Brüdern. Aber viel lieber hatte er seine Ruhe.

Man könnte meinen, dass unser Maulwurf andere Tiere nicht gern hatte. So war es nicht. Er liebte sie. Er liebte Engerlinge, Asseln und Zitronenfalterlarven, weil sie gut schmecken.

„Aber andere Leute aus bloßer Freundschaft um mich zu haben, das ist ja wohl das Dümmste, was ich mir vorstellen kann", sagte der Maulwurf.

Er war ein Maulwurf von der roten Nase bis zur schwarzen Schwanzspitze. Und kam ein anderer Maulwurf in seine Nähe, wurde es ernst. Wenn der andere sich nicht rechtzeitig aus dem Staub machen konnte, blieb ihnen nichts anderes übrig, als übereinander herzufallen. Das aber sollte man vermeiden, denn dabei gibt es oft Tote.

Das Geräusch in der Ferne hörte nicht auf. Es kam näher.

„Wie kommt dieser Kerl dazu, hier durch die Gänge zu schlurfen?", knurrte der Maulwurf.

„Durch meine eigenen Gänge? Die ich mit meinen eigenen Füßen gegraben habe?"

Er sprang auf. Er rannte auf das Geräusch zu. Es kam näher und knurrte auch.

„In meinen eigenen vier Wänden", knurrte unser Maulwurf. „Das wirst du mir büßen!"

Plötzlich blieb er stehen. Er war gar nicht mehr in seinen eigenen vier Wänden. Er stand in einer fremden Wohnung. In einer schnurgeraden Laufröhre, die er nicht selber gegraben hatte. Sie schien so lang zu sein, als hätte sie gar kein Ende. Durch diesen Gang hörte er einen Maulwurf herbeirennen. Sehr wütend hörte sich das an. Was tun?

Vor allem nicht lange überlegen. Sofort wegrennen. Die Frage war nur, ob er es noch schaffte, sich in Sicherheit zu bringen. Er schaffte es.

So kam es, dass er in der Nacht wieder in der frischen Luft und unter dem freien Himmel stand. Dabei hatte er Glück gehabt. Das braucht man, sogar wenn man ein Maulwurf ist. Man kann nämlich auch Pech haben beim Wühlen und sich, ohne dass man an etwas Böses denkt, in einem Bau wiederfinden, in dem ein gefährlicher Feind nur darauf wartet, dass man sich verläuft. Und der Fuchs oder der Dachs ist so schnell, dass man keine Zeit mehr hat zum Weglaufen.

Ich muss mir einen besseren Platz suchen, dachte er. Einen Platz, wo ich wirklich allein sein kann.

Er wanderte weiter. Er lief über Äcker und Steine. Weiter. Bloß weiter.

Der Boden unter seinen Füßen wurde weich und nass. Plötzlich ging es nicht weiter. Der Boden hörte ganz auf. Vor ihm bewegte sich alles. Was war das? Davon hatte Mutter Maulwurf nie erzählt. Nass war es. Es rauschte. Es rauschte ganz anders als Bäume. Hört sich komisch an, dachte der Maulwurf. Riecht aber nicht gefährlich. Also hinein und weiter. Schwimmen ist die einfachste Sache von der Welt, dachte er. Es ist wie laufen, nur leichter.

Schade, dass es im Wasser nichts zu essen gibt, dachte der Maulwurf, als er auf der andern Seite des Bachs wieder an Land steigen wollte.

Oder doch?

Er blieb stehen. Gerade vor ihm sprang etwas in die Luft, das sich sehr essbar anhörte, und platschte weiter hinten wieder ins Wasser.

„Warte nur", sagte der Maulwurf zum Frosch. „Beim nächsten Mal erwisch ich dich."

Aber jetzt musste er erst weiter.

Er lief über Straßen, die so glatt waren, dass sie ihm an den Füßen wehtaten. Auch davon hatte Mutter Maulwurf nichts erzählt. Ab und zu blitzte sehr helles Licht auf. Die Erde begann zu beben. Dann donnerte etwas schrecklich Großes vorbei, und es wurde wieder dunkel.

Schon von weitem konnte der Maulwurf hören, wenn sie kamen. So schnell er konnte, versuchte er dann, sich unter irgendeinem Gestrüpp zu verbergen. Dort blieb er geräuschlos sitzen, bis die Gefahr vorbei war.

Als es hell wurde, wanderte er weiter.

Aber nicht lange. Er war auf einem Stück Land angekommen, das sich sehr sonderbar anfühlte. Nicht so hart wie in der Nacht. Es waren lauter kleine Steinchen, die er leicht beiseite schieben konnte.

Als er etwas kommen hörte, beschloss er, sich ganz einzuwühlen. Zuerst war es einfach. Dann aber ging es nicht weiter. Schade, dachte der Maulwurf. Er brauchte nur noch wenige Schritte zu laufen, bis

er zu seinen Füßen die wunderbarste Erde fühlte, die man sich vorstellen kann. Locker war sie und duftete. Auf dieser Erde wuchsen Pflanzen, unter denen er sich gut verstecken konnte. Unter den Blättern entdeckte er einen Regenwurm. Und sogar einen großen.

„Endlich", schmatzte der Maulwurf. „Hier will ich meine Höhle bauen."

Er fing gleich an zu graben. Da hörte er eine Stimme.

„Wuff! Wuff! Wuffwuffwuff."

Ein Feind. Noch war die Stimme weit weg. Aber sie kam näher. Und sie hörte sich jeden Augenblick bedrohlicher an.

„Wu-uu-uf. Wufff."

Der Maulwurf wagte nicht weiterzuwühlen. Man
darf sich nicht durch Bewegung oder durch Geräusche verraten. Darum blieb er unter den Blättern,
dicht an den Boden gedrückt, und rührte sich nicht.
Ganz in der Nähe hörte er ein großes Tier hecheln.
Ein sehr großes Tier. Mal auf der einen Seite und
mal auf der andern. Ob das ein Marder ist?, dachte
der Maulwurf. Oder der Igel mit seinen gefähr-
lichen Stacheln? Oder der Iltis, von dem die Mutter
erzählt hat? Oder etwas noch Schlimmeres?
Der Maulwurf hatte nicht geglaubt, dass Feinde so
groß sein können.
Bloß nicht daran denken, sagte der Maulwurf zu
sich selber. Und an all das, was passieren könnte.
Das keuchende Untier fing an, im Boden zu
wühlen. Auch das noch, dachte der Maulwurf.

Dann wieder ein schreckliches Geräusch. Eine Stimme, wie er noch nie eine gehört hatte.

„Hierher! Cäsar!! Willst du wohl!!!"

Wie gefährlich mochte das sein? Sehr gefährlich, dachte der Maulwurf.

So gefährlich schien die Stimme zu sein, dass das große Tier sofort aufhörte, in den Blättern zu schnüffeln. Mit donnernden Schritten rannte es davon.

Das ist keine gute Gegend, dachte der Maulwurf, als alles wieder still geworden war. Ich glaube nicht, dass ich hier wohnen will.

Er mochte nicht mehr weit gehen.

„Nur ein kleines Stück", sagte er. „Bis ich einen stillen, warmen, dunklen Winkel gefunden habe. Dann schlafe ich ein paar Stunden. Und nachher sehen wir weiter."

Die frische Luft wird mir zu viel,
schön warmer Mief ist, was ich will.
Die frische Luft ist auch zu kalt,
ich brauch 'ne Höhle, und zwar bald.

Glück allein

Am andern Morgen fraß der Maulwurf eine
Schnecke, drei Raupen, einen Tausendfüßer und
ein paar Käfer. „Und jetzt noch eine Schnecke",
schmatzte er, dann machte er sich wieder auf den
Weg. Er lief, bis er auf eine Wiese kam, die ihm gefiel. Sie war voll von Grashüpfern, und seine besten
Freunde, die Regenwürmer, konnten auch nicht
weit sein. Aber er war nicht allein auf dieser Wiese.
Ein paar unbeschreiblich große Tiere rupften Gras.
Ein Grund zum Umkehren? dachte er. Nein. Vorsichtig ging er weiter.
„Von mir aus brauchte es keine großen Tiere zu
geben", grunzte der Maulwurf. „Ich weiß nicht,
wozu die gut sein sollen."
Und wirklich: Einer von den riesengroßen Füßen

79

trat nach ihm. Er konnte gerade noch beiseite rennen. Aber so groß diese Tiere auch aussahen, Feinde konnten sie nicht sein. Dazu waren sie viel zu langsam. Außerdem versuchten sie gar nicht erst, ihn zu fressen.

Er rannte zwischen ihren Beinen durch und kam zu einem großen Baum.

„Hier gefällt es mir", sagte der Maulwurf.

Zwischen den dicken Wurzeln des Baums fing er mit dem Graben an. Hier kann ich endlich allein sein, dachte er. Und so war es. Er wühlte sich an den Baumwurzeln vorbei in die Tiefe. Genau hier baute er seine Schlafkammer. Und die Gänge sollten sich von da aus weit unter der saftigen Wiese ausbreiten, damit er immer etwas zu fressen hatte. Regenwürmer gab es mehr als genug, das fand er bald heraus.

Von nun an arbeitete er beinahe Tag und Nacht an seinem Bau. Er grub und grub. Die ausgegrabene Erde drückte er an den Wänden fest. Aber es blieb viel zu viel übrig. Große Mengen Erde musste er nach oben schaffen. Und dabei musste man sehr vorsichtig sein. Nicht wegen der Kühe, so groß sie auch sein mochten. Aber es gab andere Tiere, die nur darauf warteten, dass er eine leichtsinnige Bewegung machte.

Noch vorsichtiger musste er sein, wenn er den Bau verließ. Das musste er tun, weil er Gras und Blätter und Moos brauchte, um sein Lager auszupolstern. Den Kühen konnte er leicht ausweichen. Denn schon von weitem war zu hören, wie sie Gras rupften und ab und zu einen Fuß vor den andern setzten. Aber wie soll man wissen, wo die Feinde lauern, wenn man sie nicht hört? Wenn sie geräuschlos dastehen und nur darauf warten, dass ein kleiner schwarzer Maulwurf über die Wiese huscht?

Eines Tages, als der Maulwurf oben unterwegs war, roch es ein wenig anders als sonst. Neben ihm raschelte etwas.

Essbar oder nicht essbar, das war die Frage. Er blieb regungslos stehen und horchte. Das muss ein Frosch sein, dachte der Maulwurf. Aber es roch nicht nur wie ein Frosch. Da war auch ein anderer Geruch. Lieber noch nicht zugreifen, dachte der Maulwurf. Er wartete ohne eine Bewegung. Da machte der Frosch einen Hopser.

Schade, dachte der Maulwurf.

Aber das war sein Glück.

Der Storch stieß seinen riesigen Schnabel in die Wiese, genau dahin, wo der Frosch gelandet war. Hätte der Maulwurf nach dem Frosch gegriffen, dann würde der Storch jetzt ihn fressen.

Bloß weg hier, dachte er.

Und während der Storch noch am Fressen war, rannte der Maulwurf davon, so schnell er konnte, stolperte über Grasbüschel und wühlte sich mit aller Kraft in den ersten Erdhügel ein, der ihm vor die Füße kam.

Glück gehabt, murmelte er, als unten im Dunkeln sein Herz wieder langsamer schlug. Nie mehr werde ich nach draußen gehen. Nie. Nie, nie, nie.

Er machte seine Gänge breiter. Er machte sie länger. Er legte neue Stockwerke an. Er suchte nach besseren Verbindungen. Und wenn jemand in seine Gänge kam, der nicht hineingehörte, jagte er ihn weg.

Er baute auch auf der andern Seite Gänge. Das war eine merkwürdige Gegend. Baumwurzeln gab es nicht. Aber immer wieder kam ihm etwas in den Weg. Dick und hart war es. Aber er ließ sich nicht stören und grub weiter.

Mit der Zeit legte er auch dort ein gut durchdachtes System von Gängen an. Seine Schlafkammer war ein Stück entfernt vom Jagdrevier. Dort angekommen, lief er ein paar Schritte und blieb dann stehen. Immer wieder.

Ganz still. Nur so konnte er mit all seinen Borsten fühlen, ob irgendwo in seinen Gängen ein Regenwurm unterwegs war. Und wenn der Boden sich nur das allerkleinste bisschen bewegte, ging er der Bewegung nach. Bald konnte er die Spur des Wurms riechen. Feucht war sie, diese Spur, und der Maulwurf folgte ihr, bis er seinen Wurm gefunden hatte. Ein Regenwurm ist gut. Zwei sind besser. Aber zu wenig. Erst zwei Dutzend sind genug. Und die muss man erst mal haben.

Aber Regenwürmer sind auch nicht dumm. Wenn sie fühlen, dass sich in der Nähe etwas so Gefährliches bewegt, wie es ein Maulwurf nun mal ist, flüchten sie nach oben, an die Erdoberfläche.

Für unsern hungrigen Maulwurf gab es genug andere Tiere zu jagen. Raupen, Puppen und Maulwurfsgrillen schmeckten auch gut. Und bei der trockenen Stelle mit den Steinen waren immer Asseln unterwegs. Eines Tages aber, als er gerade sehr, sehr vorsichtig seine Nase aus der Erde steckte, um herauszufinden, ob Feinde in der Nähe waren, roch er etwas Neues.

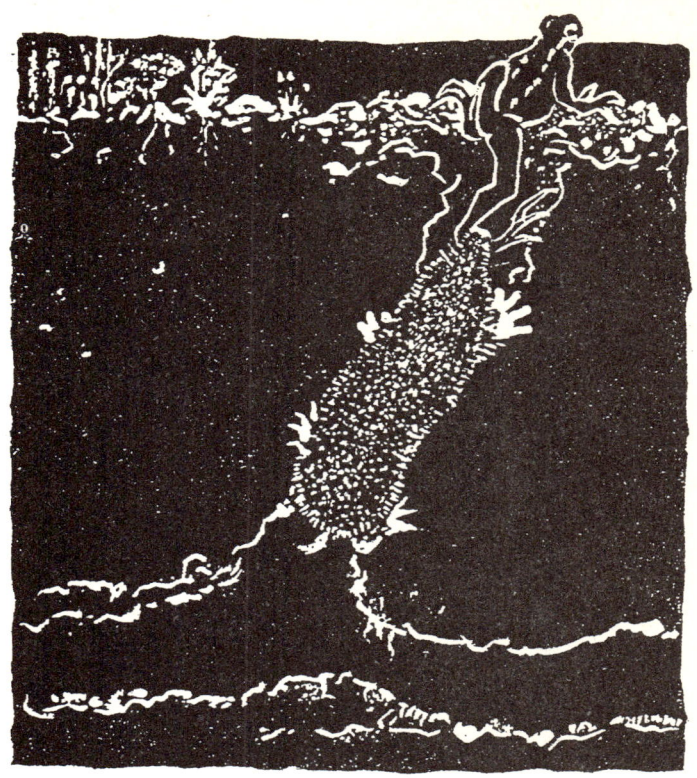

„Essbar oder nicht essbar?", flüsterte der Maulwurf.

Er rührte sich nicht und wartete. Essbar, dachte er.
Der Geruch kam ihm nun doch bekannt vor. Jetzt
oder nie, dachte er, stieß ein Stück aus dem Boden
heraus, packte zu und zog den Frosch unter die
Erde.

„Jetzt hab ich dich!", schmatzte er.

Dann schlurfte der Maulwurf satt und zufrieden in seinen Schlafwinkel zurück, legte sich ins Moos, steckte die Nase in sein samtweiches Fell und horchte auf das Rascheln der tausend Tiere, die unter der Erde wohnen. Es war so dunkel, dass er nicht einmal merkte, ob er die Augen auf- oder zumachte.

Die schwarze Erde duftete. Die Luft war miefig und süßlich und faulig, und nach halbtoten Regenwürmern roch es auch. Dem Maulwurf lief das Wasser im Mund zusammen, aber jetzt konnte er liegen bleiben, weil er so satt war. Und langsam, ganz langsam füllte sich die schwarze Stille mit Echos von überallher und mit den Geräuschen der Träume.

Eines Tages, als er so schlief, schreckte er hoch.

„Was ist das?"

Die Erde bebte. Sie bebte nicht nur ein wenig, wie wenn ein Käfer vorbeiläuft, oder so, als hätte sich wieder einmal eine Kröte verirrt. Es war auch nicht, als würde eine Kuh über seinen Bau laufen und die Eingänge zertrampeln. Nein. Jetzt bebte alles. Er musste nachsehen. Der Maulwurf rannte los.

Aber es bebte nicht nur, es wurde auch laut. Der Lärm kam von der andern Seite her, wo seine neuen Gänge waren. Er blieb stehen. Zu gefährlich, dachte der Maulwurf. Lauter und lauter wurde es und war bald so laut geworden, dass es nur noch eins gab: zurück in die Höhle unter dem Baum. Verstecken. Warten.

89

Als endlich alles wieder still geworden war, ging er sehr, sehr vorsichtig hinüber, um nachzuschauen. Er erkannte seinen Bau nicht mehr. Überall war die Erde eingebrochen. Er wäre gar nicht mehr durchgekommen, wenn nicht von den tieferen Gängen etwas übrig geblieben wäre. Und was tut ein Maulwurf, wenn er Pech gehabt hat? Ganz einfach. Er fängt von vorne an. Und dabei hatte er auch so schon genug zu tun.

Außerdem war er immer hungrig. Kaum hatte er sich ein wenig hingelegt, um zu schlafen, da wachte er auch schon wieder auf, weil sein Magen knurrte. Dann stand er auf und ging auf die Jagd.

Wenn er satt war, steuerte er auf seine Kammer zu, um ein paar Stunden zu schlafen. Aber wirklich nur ein paar Stunden. Dann muss ein Maulwurf sich wieder auf den Weg machen.

Und unterwegs entdeckte er jedes Mal neue Stellen, wo er seinen Bau noch besser und schöner und größer und sicherer machen konnte.

Wenn er mehr Würmer fand, als er fressen konnte, legte er sie auf einen Haufen. Natürlich muss man erst ein Stück abzwicken, damit sie liegen bleiben. Leider findet man seine Vorräte nicht immer wieder. Trotzdem sind Vorräte eine gute Sache. Besonders dann, wenn der Winter kommt.

Und der Winter kam.

Es wurde kälter und kälter. Nun hat ein Maulwurf den allerdichtesten Pelz, den man sich vorstellen kann, und die kalten Tage könnten ihm eigentlich gleich sein. Er hätte auch oben in der gefrorenen Erde graben können. Seine Schaufeln waren stark genug. Und ein Maulwurf friert nicht. Aber die Regenwürmer verschwanden. Sie mochten die Kälte überhaupt nicht und schlängelten sich in ihren Röhren weiter und weiter nach unten.

„He, Freunde, wo wollt ihr hin?", sagte der Maulwurf.

Es blieb ihm nichts anderes übrig, als auch weiter nach unten zu gehen. Er musste immerzu neue Gänge graben und neue Verbindungsröhren einrichten.

Tiefer und tiefer ging es. Und damit war es nicht getan. Denn immer höher hinauf musste er die ausgegrabene Erde schaufeln, damit sie ihm nicht im Bau herumlag. Einen Teil davon kann man brauchen, um die Wände platt zu walzen. Aber es bleibt immer etwas übrig. Außerdem muss man sein Winternest auspolstern. Er hatte jedenfalls ununterbrochen zu tun und wusste nachher kaum noch, wo die Zeit geblieben war.

Andere Leute machen einen Winterschlaf.

„So was kann ich mir nicht leisten. Ich würde verhungern, und wer will das schon. Winterschlaf – das ist was für die Faulpelze."

Und er brauchte mehr Zeit für die Futtersuche. Er hatte einfach kein Glück. Da fielen ihm seine Vorräte ein.

„Freunde, wo seid ihr? Seid ihr eingeschlafen? Ihr blöden Würmer, was macht ihr? Ich höre euch nicht."

Er suchte weiter.

„Wollt ihr, dass ich Hungers sterbe? Das kann doch nicht euer Ernst sein. Kommt schon, Freunde. Ich will euch jetzt fressen."

Schon etwas matt geworden, schlich er durch seine Gänge. Endlich stieß er auf ein altes Versteck, das er im Sommer angelegt hatte.

„Da seid ihr ja, Freunde."

Sie waren ziemlich mager geworden.

„Was ist los mit euch, Freunde?" Er schüttelte den Kopf. „Aber besser ein magerer Wurm als überhaupt keiner."

Endlich konnte er seinen Hunger stillen.

Gefallen ist das letzte Blatt?
Der Frühling ist noch weit?
Ist mir egal. Ein Maulwurf hat
zum Pennen keine Zeit.

„Wie gut, dass ich euch habe, Freunde", sagte er. „Wovon sollte ich sonst leben?"

Zuoberst waren die Sommergänge und zuunterst waren die Wintergänge. Und dazwischen waren die Gänge für die Zeiten, die dazwischen waren. Dreimal am Tag musste er durch seinen ganzen großen Bau laufen, um nachzusehen, ob alles seine Ordnung hatte. Sein Bau war inzwischen dreißig Meter lang und sollte noch länger werden. Er musste darauf achten, dass es an allen Ecken und Enden nach ihm roch, und zwar deutlich. Und dreimal reichte nicht. Zwischendurch musste er auch unterwegs sein, denn ein Maulwurf muss fressen, im Sommer, im Winter und in den Jahreszeiten dazwischen.

Kaum hatte der Maulwurf sich an den Winter gewöhnt, da begann die Erde schon wieder zu leben. Die Frühjahrsarbeit begann. Allmählich zog es die Regenwürmer wieder nach oben. Gleich unter der Erdoberfläche wohnten sie wieder. Dem Maulwurf war das recht. Oben war das Graben leichter. Und die überflüssige Erde ließ sich leichter nach draußen befördern.

Aber oben stürzten die Gänge auch schneller ein.

„Eignes Heim, Glück allein?", sagte der Maulwurf.
Ein Glück war es. Aber nur für Leute, die gern arbeiten.

Er arbeitete und arbeitete. Und in den Pausen dachte er daran, wie er weiterarbeiten wollte.

„Man kommt überhaupt nicht zum Schlafen", sagte er.

Das war ein Irrtum. Er konnte nur nicht merken, wie die Zeit verging, wenn er schlief. Die Zeit schien dann ganz verschwunden zu sein. Und sie kam erst wieder zu ihm zurück, wenn er aufwachte.

Horch, was kommt von draußen rein?
Hol-la-hi, hol-la-ho,
muss wohl was zum Fressen sein,
hol-la-hi-a-ho.
Geht vorbei und schaut nicht rein.
Hol-la-hi, hol-la-ho,
wird wohl nichts gewesen sein,
hol-la-hi-a-ho.

Muss das sein?

Es war Frühling. Die Erde wurde wärmer, und alles, was in der Erde wohnte, zog weiter nach oben. Die letzten Regenwürmer schlängelten sich in ihren Röhren aufwärts und fingen wieder an, Blätter in die Erde zu ziehen. Der Maulwurf folgte ihnen. Die oberen Gänge in seinem Bau waren im Winter eingebrochen. Wieder in Ordnung bringen konnte man sie nicht. Es war besser, gleich neue zu bauen. Auch die Verbindung zu den Hauptgängen wollte er bei dieser Gelegenheit verbessern. Der Maulwurf kannte sich jetzt mit den Bauarbeiten viel besser aus als im letzten Jahr. Die Arbeit ging ihm schnell von der Hand. Er drückte die neuen Wände noch einmal fest. Dann ging er langsam in seine Lagerhöhle zurück, um sich auszuruhen.

97

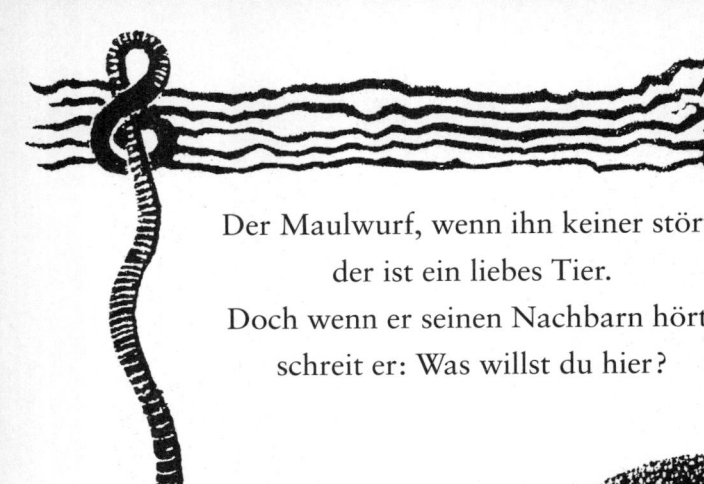

Der Maulwurf, wenn ihn keiner stört,
der ist ein liebes Tier.
Doch wenn er seinen Nachbarn hört,
schreit er: Was willst du hier?

Er war dort noch nicht angekommen, als es über ihm klopfte.

„Besuch?", knurrte der Maulwurf. „Bloß nicht!"

Der Besucher war auch ein Maulwurf. Das konnte man gleich hören. Riechen konnte man es auch.

„Nicht schon wieder", stöhnte unser Maulwurf. Er wünschte sich den Winter zurück, als er tief unten seine Ruhe gehabt hatte.

„Was wollen diese Viecher die ganze Zeit in meiner Höhle?", knurrte der Maulwurf.

„Klopfklopf."

In Wahrheit klopft ein Maulwurf nicht an, denn ein

98

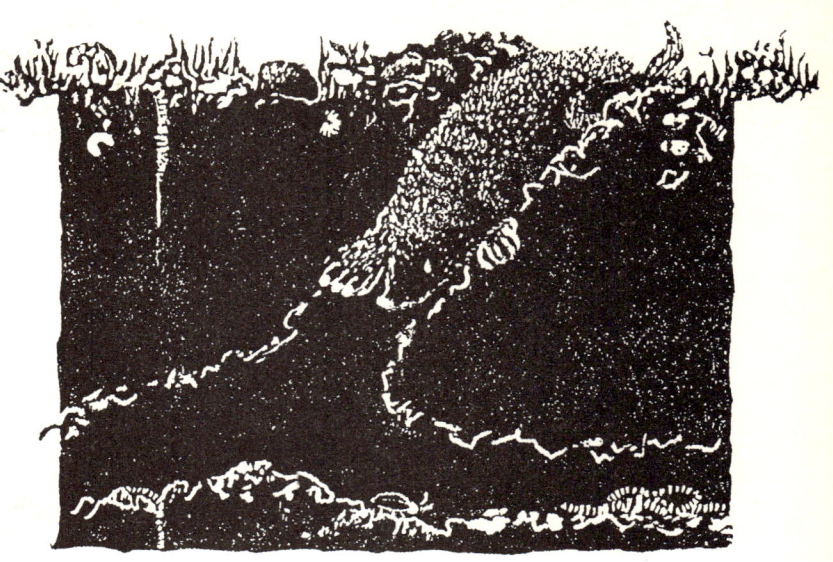

Maulwurf ist kein Mensch. Er schaut vorsichtig um die Ecke. Weil er mit seinen Augen fast nichts sieht und weil es sowieso dunkel ist, sieht er nicht viel. Er sieht, dass es schön dunkel ist, mehr nicht. Er schnüffelt also vorsichtig um die Ecke, und was schnüffelt er da? Er schnüffelt, dass jemand zu Hause ist, dass jemand wunderbar duftet und dass jemand schlechte Laune hat.

„Darf ich hereinkommen?", sagte er. „Bitte?"

Die Antwort heißt: „Nie."

„Wie bitte?"

„Nie und nimmer."

Damit hatte er gerechnet. Wenn er im Frühjahr seine Frühjahrsbesuche machte, wurde er immer so empfangen. Damit musste man sich abfinden, wenn man einen wirklich wichtigen Besuch machen wollte. Er blieb einen Augenblick, wo er war, und wartete. Er wartete darauf, dass der andere Maulwurf es sich anders überlegte. Der andere Maulwurf wartete auch. Er aber wartete darauf, dass der Besucher es sich anders überlegte.

„Verzieh dich", sagte er und machte ein paar wütende Schritte auf den Besuch zu.

„Ich verzieh mich ja schon", sagte der. Ein paar Schritte zog er sich zurück, mehr nicht. Dann blieb er stehen und sagte: „Kann ich jetzt reinkommen?"

„Nur über meine Leiche."

„Du meinst es wohl ernst, oder?"

„Zisch ab!"

Vielleicht überlegst du es dir noch anders."

„Ja:", knurrte unser Maulwurf, „nur über deine Leiche."

Der fremde Maulwurf hatte sich in den Gang heruntergelassen. Vorsichtig blieb er stehen, denn jedes Mal, wenn er einen Schritt nach vorne zu gehen wagte, schoss der Wohnungsbesitzer wütend auf ihn los und schlug ihm seine fürchterlichen Zähne in den Pelz.

„Immer mit der Ruhe", grunzte der andere und wehrte sich, so gut es ging. Dann sagte er: „Du hast eine schöne Höhle. Wirklich sehr schön."

„Bis hierher und nicht weiter", zischte unser Maulwurf. „Oder du wirst es bereuen."

Das wirkte. Der Besucher kletterte wieder die Röhre hinauf und verschwand.

„Den bin ich los", sagte unser Maulwurf. Jetzt konnte er endlich fressen und sich dann ausruhen. Er rollte sich zusammen. Er sprang wieder auf.

Ich muss nachsehen, ob alles in Ordnung ist, dachte er. Wer weiß, ob nicht anderswo auch jemand herumläuft, der mir einen Besuch machen will. Dauernd kommt so einer vorbei. Ich weiß nicht, was die hier wollen. Stecken die Nase rein und sagen, sie wollen bloß mal reinschauen. Die haben wohl nicht alle Gänge in Ordnung. Reinschauen! Das ist doch das Letzte. Ich kann sie jedenfalls nicht ausstehen, diese Maulwürfe.

Es wird nun Zeit, dass wir etwas sehr Wichtiges klarstellen. Das hier ist die Geschichte vom Maulwurf. Und bis jetzt hat es so ausgesehen, als wäre der Maulwurf, von dem die Geschichte handelt, ein Maulwurf. Das ist er aber nicht. Er sieht zwar genauso aus wie ein Maulwurf, er jagt und frisst und rennt und gräbt und baut und beißt wie ein Maulwurf. Er heißt auch so wie ein Maulwurf, er ist aber keiner. Was kann er dann sein? Eine Maulwürfin. Das war bis jetzt nicht wichtig. Normalerweise kommt es nicht darauf an, ob jemand ein Maulwurf ist oder eine Maulwürfin. Aber irgendwann kommt dann der Tag, an dem es doch wichtig ist.

Die Maulwürfin lief also los, weil sie das Gefühl hatte, dass etwas nicht stimmte. Und sie hatte Recht. Es war genau so, wie sie gedacht hatte: Da war er wieder.

Spinnt der?, dachte die Maulwürfin.

„Guten Morgen, du Schöne", sagte der Maulwurf. Mit dem Kopf nach unten hing er und schaute so aus der Steigröhre in den Laufgang herein.

„Was soll der Quatsch."

„Darf ich hereinkommen?"

„Hier kommt niemand rein."

„Ich komme rein."

„Du schon gar nicht."

„Du wirst ja sehen."

„Sehen?", keifte die Maulwürfin.

„Oder riechen. Willst du mal riechen?"

„Was bildest du dir ein!"

„Ich bin ein Freund."

„Freund?", kreischte die Maulwürfin. „Und was willst du dann bei mir? Ein wahrer Freund würde draußen bleiben, mich in Frieden lassen und mir nicht das Leben zur Hölle machen."

„Du bist eine Kratzbürste", sagte der Maulwurf, „aber du riechst gut."

In diesem Augenblick dachte die Maulwürfin: Wer weiß, wozu das gut ist.

„Gut", sagte sie, „wenn es dir so wichtig ist. Du kannst hereinkommen. Aber nur fünf Minuten."

„Ich hab's doch gewusst", flüsterte der Maulwurf. „Du verstehst was von Liebe."

„Liebe? Interessiert mich nicht."

„Wetten, dass?", sagte der Maulwurf.

Dabei rückte er ihr so nah auf den Pelz, dass sie ihn wegbeißen musste. Er aber ließ sich nicht weg-beißen. Sie kämpften also. Nur war dieser Kampf anders als all die Kämpfe, die die Maulwürfin im letzten Jahr gekämpft hatte. Schritt für Schritt wich sie zurück. Und er kam hinterher.

Ich will eine Ausnahme machen, dachte sie. Aber nicht gleich. Erst kämpfen wir noch.

Dann gab sie nach. Es sah zwar aus, als kämpften sie weiter, aber es war nichts als Vergnügen. Wildes Spiel war es und Liebe.

Und wie es bei den Maulwürfinnen so geht – die Liebe dauert nicht lange. Man könnte denken, fünf Minuten sind nicht viel Zeit, wenn man sich liebt. Für Maulwürfe aber sind fünf Minuten eine lange Zeit. Und eine Liebe, die länger als fünf ganze Minuten dauert, kann ein Maulwurf sich überhaupt nicht vorstellen.

Die Maulwürfin hatte jedenfalls genug von der Liebe, bevor die fünf Minuten vorbei waren. Sobald sie merkte, wie sie da beide Fell an Fell geschmiegt im Dunkeln lagen, wie sie es früher mit ihren Brüdern gemacht hatte, als sie noch sehr, sehr klein waren, fuhr sie hoch. Sie fauchte den Maulwurf an: „Was machst du hier?"

„Ich? Nichts."

„Nichts?"

„Im Augenblick nicht. Aber ich könnte eigentlich ..." Damit stürzte er sich wieder auf sie.

Was sollte die Maulwürfin tun? Kratzen und beißen.

„Was soll das?"

„Bist du schwer von Begriff?"

„Vorhin hast du es gern gehabt", sagte er.

„Das war vorhin", sagte die Maulwürfin. „Jetzt ist jetzt. Und jetzt passt es mir nicht. Du kannst gehen. Meine Höhle ist meine Höhle. Hier kann ich solche wie dich nicht brauchen. Hab Dank für deinen Besuch, aber jetzt reicht es."

Der Maulwurf wollte sie nicht verstehen. Er wollte sich auf sie stürzen.

„Verzieh dich", fauchte sie. Dabei drehte sie sich blitzschnell herum, um mit Zähnen und Krallen nachzuhelfen. „Lass dich hier nicht mehr blicken, du blödes Vieh!"

„Danke gleichfalls", knurrte der Maulwurf. „Glaub bloß nicht, dass es mir bei dir gefällt. Und überhaupt, allein ist es viel schöner."

Die Maulwürfin hörte zu, wie er den Gang hinaufkletterte und verschwand.

Den bin ich los, dachte sie. Sie war zufrieden und endlich allein.

Wühl, Maulwurf, wühl,
da draußen ist es kühl,
und drinnen kannst du ganz allein
in deiner warmen Höhle sein.
Wühl, Maulwurf, wühl.

Das Nest

Immer wieder lief die Maulwürfin durch ihren Bau.
Sie räumte eingebrochene Erde nach draußen. Sie
brauchte eine neue Steigröhre. Der Hauptgang
könnte länger sein, dachte sie oft. So ein Bau ist nie
fertig. An allen Ecken und Enden gibt es etwas auf-
zuräumen, zu flicken und zu verbessern.
Vor allem arbeitete sie an ihrer Nesthöhle. Die
musste größer werden. Und sicherer sollte sie auch
sein. Dazu braucht man eine Weile. Denn man
muss nicht nur graben, man muss auch aufräumen
und alles nach draußen schaffen. Berge von Erde
hatte die Maulwürfin oben auf der Weide schon
angehäuft. Dann muss man in der Höhle ein gutes
Nest bauen. Überall wuchsen die neuen Graswurzeln. An denen zog sie junge Halme herunter und

109

verwebte sie in ihr Lager. Und mit Moos und Blättern ausstopfen muss man es auch. Ihr Nest wurde jeden Tag schöner und weicher. Und das war gut so, denn es war inzwischen Mai geworden. Also höchste Zeit für ein ordentlich ausgestattetes Nest. Die Maulwürfin überlegte sich, was noch zu tun war. Man könnte einen Schacht graben, überlegte sie, in dem sich das Regenwasser sammelt. Die Frage ist, ob man das braucht. Irgendwann schon, dachte sie, denn einen tropfenden Brunnen wie bei Mutter Maulwurf zu Hause gab es in der Nähe nicht.

Dass immer wieder andere Tiere ihre Gänge als bequeme Durchgangswege benutzten, gefiel ihr überhaupt nicht. Sie tat, was sie konnte. Aber die Mäuse und Kröten kamen wieder, wenn die Hausbesitzerin nicht in der Nähe war.

„Auch gut", sagte sie. „Man kann nicht überall sein. Ich bin ja gutmütig. Immer gutmütig. Solange man mich in Ruhe lässt. Aber nicht, wenn man mich reizt. Ist das klar?" Außerdem schmecken junge Mäuse gut.

Es dauerte nicht mehr lange, bis die Maulwürfin sich in ihr Nest hockte und ein winzig kleines nacktes Maulwurfskind ins Moos legte. Gleich nachher kam noch eins und dann noch eins. Und als es drei waren, kamen noch zwei dazu, bis die Maulwürfin fünf Kinder hatte. Die sahen aus, wie neugeborene Maulwurfskinder immer aussehen: glasig rosa und fast durchsichtig. Und um den Bauch herum hatten sie jede Menge Falten. Man hätte sie für alles Mögliche halten können, nur nicht für Maulwürfe. Trotzdem hatten sie schon alles, was man braucht, um ein richtiger Maulwurf zu werden. Vor allem hatten sie starke Schultern und starke Hände zum Graben.

Aber noch sahen sie nicht so aus. Man hätte sie eher mit Regenwürmern verwechseln können. Nur dass sie nicht so lang waren. Außerdem rochen sie anders. Und sie piepsten, was kein Regenwurm je tun würde.

Die Maulwürfin leckte die kleinen warmen Würm-
chen ab und legte sich zu ihnen, um sie warm zu
halten mit ihrem samtweichen Pelz. Das Erste, was
die Kinder konnten, war saugen. Sie versuchten, an
allem zu saugen, was ihnen vor die Nase kam, bis
sie ihre Zitze gefunden hatten. Und dann saugten
sie noch viel lieber.

Wenn die Kinder satt waren, schliefen sie ein. Nur
die Maulwürfin war nicht satt. Aber kann man einfach weglaufen und so kleine Kinder allein im Nest
zurücklassen? Sie musste es tun. Ihr Hunger war zu
groß geworden. Als sie aufstand, piepsten die Kleinen so jämmerlich, wie noch nie ein Maulwurfskind gepiepst hat. Die Mutter deckte sie mit Gras
zu, damit sie nicht frieren mussten. Sie piepsten
trotzdem weiter.

„Bin gleich wieder da, meine herzallerliebsten Seidenwürmchen", sagte die Maulwürfin, denn sie liebte ihre Kinder über alles.

Dann rannte sie los. In größter Eile riss sie Würmer aus dem Boden, kratzte Tausendfüßer aus den Wänden oder grub Schnecken aus ihren Verstecken, verschlang alles und rannte wieder zurück, so schnell sie konnte.

Die Kinder hatten schon wieder Hunger und wollten trinken. Fünf Kinder brauchen viel Milch. Und darum war es kein Wunder, dass die Maulwürfin Durst bekam. Zum Glück regnete es auf der Erde oben. Darum konnte sie immer wieder ein wenig Wasser finden, das sich hier oder da in den Gängen sammelte.

113

Das ist gut, dachte sie. Denn sonst hätte sie weit laufen müssen, um zu trinken. Oder sie hätte doch noch einen Schacht bauen müssen, um Feuchtigkeit zu sammeln. Und wann hätte sie das machen sollen? Eine Mutter von fünf Kindern hat auch so schon genug zu tun.

Immer wieder musste sie irgendwo Löcher zustopfen, damit keine Zugluft hereinkam. Nackte kleine Maulwurfskinder vertragen frische Luft nicht. Bald fühlte die Maulwürfin zwar die ersten Haare auf der glatten Haut ihrer Kinder. Aber es war noch zu wenig, um sie warm zu halten. Man musste mehr Moos und Gras zum Zudecken holen.

Die Maulwürfin hatte jetzt nicht nur Durst. Sie hatte auch noch mehr Hunger als sonst. Darum stieg sie in den feuchten Nächten, wenn die Schnecken unterwegs waren, auch auf die Erde hinauf. Aber sie tat es nicht gern, denn dort war die Luft voller Feinde. Und die konnte man nicht hören wie einen Feind, der unter der Erde herumläuft. So schnell es ging, wühlte sie sich wieder ein. Zum Glück war unter den Erdhaufen, die sie nach oben geschaufelt hatte, der Grund so locker, dass sie ganz ohne Mühe wieder in ihren Bau gelangte.

Bald waren die Kleinen mit Milch nicht
mehr zufrieden. Sie wollten mehr zu fressen.

„Bin gleich wieder da, meine herzallerliebsten
Seidenwürmchen", rief sie und hastete davon, um
Futter zu holen.

Sie hatte auch damit zu tun, das Nest sauber zu
halten. Sie selbst würde nicht im Traum daran denken, ihren Dreck ins Nest fallen zu lassen. Aber
Kinder achten nicht darauf. Ihnen ist es gleich, wer
das Nest sauber macht. Kinder wollen fressen und
schlafen und spielen und sonst gar nichts. So sind
sie nun mal. Und wenn sie spielen, wühlen sie das
Nest auseinander, und die Maulwürfin muss es
wieder in Ordnung bringen.

Außerdem musste sie ihre Kinder vor Feinden be-
schützen. Sie achtete auf jedes Knistern, auf jedes
Rascheln, auf jedes Husten. Sogar im Schlaf hätte
sie alles gehört, was sich bewegte. Kaum drang das
leiseste Geräusch zu ihr herüber, stand sie schon
auf.

„Besuch?", sagte die Maulwürfin dann.

„Was ist das?", piepsten die fünf kleinen Maulwürfe. „Besuch?"

„Das werdet ihr schon noch verstehen, meine herzallerliebsten Seidenwürmchen", sagte die Maulwürfin und rannte davon.

Manche Besucher liefen gleich weg, wenn sie die
wütende Maulwürfin hörten. Aber oft musste sie
auch kämpfen. Sie biss und kratzte dann mit unbe-
schreiblichen Kräften. Denn dass jemand ihren
Kindern zu nahe kam, konnte sie auf keinen Fall
zulassen.

„Den sind wir los", sagte sie, wenn sie zurückkam.
Sie legte sich auf die Seite, damit die fünf kleinen
Maulwürfe trinken konnten.

„Eignes Heim, Glück allein", sagte die Maulwürfin.

„Was ist das?", piepsten die fünf kleinen Maulwürfe.

„Das werdet ihr schon noch verstehen", sagte die
Maulwürfin. „Und jetzt können wir uns in Ruhe
zusammenrollen und schlafen."

„Schlafen?", jammerten die fünf kleinen Maulwürfe. „Wie sollen wir schlafen? Wir haben Hunger!"

„Nicht mal in Ruhe hinlegen kann man sich",
stöhnte die Maulwürfin. Aber sie machte sich auf
den Weg, um etwas zu fressen zu holen.

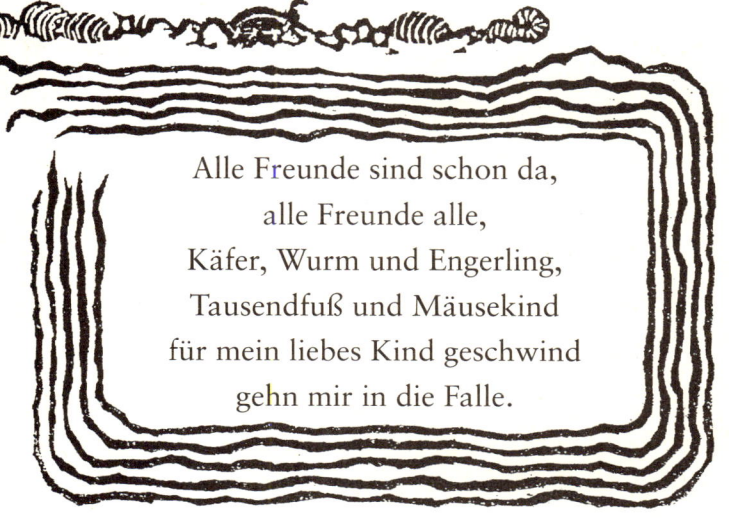

Alle Freunde sind schon da,
alle Freunde alle,
Käfer, Wurm und Engerling,
Tausendfuß und Mäusekind
für mein liebes Kind geschwind
gehn mir in die Falle.

Eines Tages hörte sie ein ungewohntes Geräusch.
Es tropfte. Wasser ist gut, dachte die Maulwürfin.
Jedenfalls da, wo es hingehört. Aber nicht da, wo
fünf kleine Maulwürfe in einem trockenen warmen
Nest liegen.

Ich muss nachsehen, dachte die Maulwürfin. Sie
sprang auf. „Bin sofort wieder da, meine herzallerliebsten Seidenwürmchen", sagte sie, denn sie
liebte ihre fünf Kinder über alles.

Sie stürzte um die nächste Ecke. In diesem Augenblick brach gleich neben ihr ein Gang ein. Alles war
voll Erde. Aus der Erde aber quoll Wasser. Es bil-
dete eine Pfütze, und die Pfütze wurde größer. Das
Wasser lief weiter. Unaufhaltsam lief es den schrä-
gen Gang hinunter. Bald musste es die Kammer erreichen, in der die Kinder waren.

Die Maulwürfin rannte durchs Wasser. Sie kam
aber nicht weit. Denn vor ihr brach wieder eine
Wand ein.

Gott sei dank, dachte sie. Die Erde wird das Wasser
aufhalten.

Sie wühlte sich durch den Haufen von Steinen und Erde. Als sie auf der andern Seite wieder herauskam, fühlte sie, dass das kein Schutzwall war. Im Gegenteil, durch das neue Loch kam noch mehr Wasser herein.

Die Kinder waren verloren, wenn die Maulwürfin nicht schnell handelte.

Sie rannte weiter. Halb lief sie und halb schwamm sie, bis sie beim Nest war. Vorsichtig packte sie eins von ihren Kindern mit den Zähnen und trug es weg. Sie rannte in der andern Richtung davon. Und als sie an einen höher gelegenen trockenen Platz kam, legte sie den kleinen Maulwurf auf den Boden und lief zurück, um die andern zu holen.

Das Wasser kam näher. Und sie konnte immer nur eins ins Maul nehmen. Das legte sie zu den andern und stürzte zurück.

Dann brach auch auf der andern Seite vom Nest eine Wand ein. Sie machte einen Umweg, um durch den hinteren Eingang die Kammer zu erreichen. Bis jetzt war das Wasser nicht beim Nest angekommen. Drei Kinder waren in Sicherheit. Aber zwei mussten noch gerettet werden. Eins nahm sie ins Maul und trug es fort. Und als sie zum letzten Mal zurückkam, war das Wasser in der Höhle. Oben war noch ein wenig Luft. Sie hielt die Nase in die Höhe und schwamm zum Nest. Das Nest lag nicht mehr am Boden, es schwamm. Und mit dem Nest schwamm das Kind. Die Maulwürfin konnte es gerade im letzten Augenblick retten. Dann schwamm sie mit ihm ins Trockene.

Sie ruhten sich aus von dem großen Schrecken. Die fünf kleinen Maulwürfe lagen in einem trockenen Winkel und wärmten sich am samtweichen Pelz ihrer Mutter. Aber während die kleinen Maulwürfe noch schliefen, begann die Maulwürfin schon wieder zu arbeiten. Eine neue Kammer musste gebaut werden, neue Gänge, neue Verbindungen, neue Steigröhren. Und sie mussten so sicher sein, dass kein Wasser mehr hereinkommen konnte.

Die fünf kleinen Maulwürfe bekamen Pelze. Sie

wurden jeden Tag größer. Auch ihre Zähne und ihre Krallen wurden jeden Tag größer. Und je größer sie wurden, umso mehr wollten sie fressen. Und alle wollten zur gleichen Zeit fressen. Und weil die Maulwürfin nicht fünf Regenwürmer mitbringen konnte, gab es Streit.

„Immer der Reihe nach, meine herzallerliebsten Seidenwürmchen", sagte die Maulwürfin, denn sie liebte ihre Kinder über alles.

Aber was heißt „der Reihe nach", wenn alle gleichzeitig fressen wollen?

Dann fielen die fünf kleinen Maulwürfe übereinander her, um herauszufinden, wer zuerst fressen durfte. Wofür hatten sie denn ihre Zähne und ihre Krallen?

Aber sonst vertragen sich kleine Maulwürfe gut.
Wenn sie nicht gerade sehr hungrig waren, lagen
alle fünf miteinander zusammengerollt in ihrem
warmen Nest und schliefen.

Das täten sie wohl heute noch, wenn sie nicht jeden
Tag ein Stück gewachsen und zu großen Maulwürfen geworden wären. Und ein Maulwurf kommt
immer allein.

Hanna Johansen

Die Geschichte von der kleinen Gans ...

RTB 2046

Immer ist die kleine Gans die Letzte. Als Letzte von sechs Geschwistern schlüpft sie aus dem Ei, als Letzte lernt sie laufen, schwimmen und fliegen. Aber einmal ist sie nicht die Letzte.
ab 8

Hanna Johansen

Die Ente und die Eule

RTB 2098

Die Ente und die Eule wären gern Freunde. Aber weil sie so verschieden sind, streiten sie sich immer wieder: Schläft man am Tag oder in der Nacht? Lebt es sich besser auf dem Baum oder auf dem Teich?
ab 7

Hanna Johansen

Dinosaurier gibt es nicht

RTB | 2079

Eines Tages schlüpft ein Compsognathus aus einem der übrig gebliebenen Ostereier auf Zawinuls Fensterbank. Damit ändert sich Zawinuls Leben radikal, denn der Compsognathus ist sehr neugierig (und ebenso vorlaut) und sehr hungrig, sodass er lernt und wächst und ...
ab 9

Klaus Kordon

Robinson, Mittwoch und Julchen

RTB | 2011

Mitten im See entdeckt Jo eine Insel. Nun ist er Robinson. Und sein Ferienglück ist perfekt, als ein Freitag auftaucht — auch wenn erst Mittwoch ist. Doch was macht man, wenn plötzlich ein Mädchen mitspielen will. Und dieses Mädchen »Mittwoch« mehr zu mögen scheint als »Robinson«?
ab 10

SACHBUCH

9
▲
6

Su Swallow

Die Meeresküste

RTB | 3005

Vor und an der Meeresküste
haben sich viele verschiedene
Lebensformen angesiedelt:
Pflanzen, Muscheln,
Krustentiere, Quallen, Fische,
Vögel und andere Meeres-
lebewesen. Über 200 davon
sind in diesem Buch abge-
bildet und beschrieben. Die
naturgetreuen farbigen
Abbildungen helfen beim
Bestimmen.
ab 8

Peter Holden

Vögel

RTB | 3015

150 der häufigsten und
interessantesten Vogelarten
unseres Lebensraumes sind
hier abgebildet.
Außerdem wird ausführlich
beschrieben, wie und wann
sie brüten, wovon sie sich
ernähren und wo man sie
beobachten kann.
Die farbigen Abbildungen
machen das Bestimmen von
Vögeln in der Natur leicht.
ab 8